UN HOMME INFIDÈLE ET PARFAIT

Collection : *Nouvelles Lettres Sénégalaises (NLS)*

Nouvelles Lettres Sénégalaises (NLS)

Collection dirigée par :
Mamadou Bâ, Bassirou Coly et Abdoulaye Diallo

DIOP Moustapha, *La voie d'un musicien*, roman, « Nouvelles Lettres Sénégalaises », août 2012.

DIALLO Rabia, *Amours cruelles, beautés coupables*, roman, « Nouvelles Lettres Sénégalaises », juin 2012.

CHERIF Souleymane Abdelkérim, *Quand l'évidence ne suffit plus*, roman, « Nouvelles Lettres Sénégalaises », mars 2012.

SAMBE Fara, *Lettre du retour au pays natal*, roman, « Nouvelles Lettres Sénégalaises », février 2012.

GUISSÉ Ameth, *Femmes dévouées, femmes aimantes*, roman, « Nouvelles Lettres Sénégalaises », septembre 2011.

THIOUNE Bassirou, *Gott. Le retour vers la terre*, roman, « Nouvelles Lettres Sénégalaises », septembre 2011.

Soda Ndoye

Un homme infidèle et parfait

NLS

Sénégal
L'Harmattan

« Villa rose », rue de Diourbel, Point E, DAKAR

http://www.librairieharmattan.com
diffusion.harmattan@wanadoo.fr
senharmattan@gmail.com

ISBN : 978-2-296-99524-6
EAN : 9782296995246

I.

En ce lundi 3 janvier, Saly marchait dans les couloirs de la faculté des Lettres et Sciences humaines de l'université Cheikh Anta Diop de Dakar. D'après les rumeurs, les cours auraient déjà commencé alors qu'elle n'avait même pas l'emploi du temps. Il était onze heures et il faisait relativement froid. Comme à l'accoutumée, elle s'était habillée élégamment sans dénuder son corps, le voile lui couvrant la tête. C'était une belle jeune fille de vingt-deux ans, aux traits fins. Hissée sur ses jambes de faucheux, elle avait le nez pointu, les lèvres charnues et un regard perçant qui la rendaient très séduisante. Elle dégageait une allure qui incarnait l'innocence et la fermeté. Sa démarche précise et déterminée ajoutait à son charme.

La première chose à laquelle elle pensa fut de se procurer l'emploi du temps, ce qu'elle fit. Par la suite, elle se rendit au jardin de la faculté et s'assit sur un banc public situé sous un arbre afin de se protéger du soleil. Alors qu'elle consultait les feuilles reçues, quelqu'un lui banda les yeux de derrière. Lorsqu'elle se retourna, c'est avec surprise qu'elle vit son amie Khady. Les deux jeunes filles se laissèrent emporter par l'euphorie des retrouvailles.

Khady était une jeune femme très coquette. Mignonne, de taille moyenne, à la peau chocolatée, elle attirait plus d'un regard. Ce jour-là, elle était vêtue d'une robe chinoise qui épousait ses formes et de chaussures à talons hauts. Légèrement maquillée, elle portait des boucles d'oreilles artisanales qui lui donnaient une allure rustique.

« Tu m'as abandonnée ces temps-ci. Mais comme on dit "pas de nouvelle, bonne nouvelle". Un dénommé Amadou n'en serait-il pas à l'origine par hasard ? taquina Saly.

– Tu n'as pas changé, à ce que je vois ! Mais ce n'est pas ce que tu sembles croire. Tu sais, entre la Tunisie et le Sénégal, il y a une distance considérable, répondit-elle avec une moue sceptique.

– C'est vrai, mais il ne faut pas laisser cette distance avoir raison de votre amour. C'est déjà pas mal de communiquer par téléphone et Internet.

– Tu as sans doute raison. Mais dis-moi, tu continues toujours à fuir les hommes ?

– Fuir ! Ce n'est pas le mot approprié. C'est tout simplement que je refuse d'avoir une relation amoureuse tant que j'étudie.

– Tu dis cela parce que tu n'as pas encore rencontré l'homme de ta vie.

– Que Dieu me préserve de tomber amoureuse ! J'en perdrais ma liberté.

– Ah ! Quelle idéologie ! » pouffa Khady.

Ainsi, les deux amies continuèrent à discuter de leurs péripéties respectives tout en marchant. Deux heures plus tard, elles se retrouvèrent au restaurant pour le déjeuner. Alors qu'elles étaient à table, Khady fit un signe de main à un homme qui les rejoignit aussitôt.

« Salut Seydou ! Ça fait longtemps !

– Bonjour, chère cousine. Comment tu vas ?

– Bien ! Tu veux te joindre à nous ?

– Avec plaisir. »

Alors que ce dernier s'asseyait, Saly leva les yeux vers cet homme qu'elle voyait pour la première fois. Elle fut impressionnée par la beauté de ses traits. Le menton volontaire et une corpulence athlétique rendaient cet homme aux yeux captivants extrêmement séduisant. Elle ressentit une vague d'émotions. Le cœur battant la chamade, elle s'empressa de baisser les yeux, incapable de soutenir son regard.

Tandis qu'il ajustait sa chaise, Khady fit les présentations d'usage.

« Enchanté. Je suis ravi de faire votre connaissance, dit-il.

– Tout le plaisir est pour moi.

– C'est mademoiselle, j'espère ! »

Khady essaya d'étouffer le rire qui lui montait à la gorge.

« Oui, Mademoiselle Salimata Wade précisément, répondit-elle.

– C'est un soulagement.

– Ah ! Tu ne changeras donc jamais ! L'ami des femmes, n'est-ce pas ? intervint Khady.

– C'est une offense à ma réputation ! Que va penser Saly de moi maintenant ?

– Cette discussion ne me regarde absolument pas. Et ne je ne porte aucun jugement sur vous, soyez-en rassuré, répondit-elle en souriant.

– Oh ! Mais bien sûr que cela vous regarde. Et même bien plus que vous ne le pensez, renchérit Seydou.

– En quoi je te prie ? dit Khady.

– Tu es une fille intelligente, alors je te laisse deviner. »

Saly qui sentait le regard de cet homme se poser sur elle fit comme si elle n'avait pas saisi l'allusion. En son for intérieur, elle mourrait d'envie de lui rendre ce regard, mais elle résistait. Ils discutèrent de tout et de rien dans une bonne ambiance, tout en déjeunant. À la fin du repas, ils sortirent ensemble et marchèrent en poursuivant leur conversation. Elle n'intervint que vaguement dans la discussion, craignant de se trahir. C'était la première fois qu'elle faisait autant attention à un homme.

« Vous êtes dans quelle faculté ? demanda-t-il.

– Lettres et sciences humaines. Je fais une licence III d'anglais.

– C'est bien, mais je crois qu'il vous reste du chemin à parcourir.

– En effet ! Je vais également faire une formation professionnelle en *management* et gestion du personnel parallèlement aux études universitaires. Et vous ?

– Je suis en dernière année de spécialisation en cancérologie. Je vois que vous êtes ambitieuse.

– J'espère que ce n'est pas un reproche, intervint Khady.

– Bien sûr que non, au contraire.

– Alors, c'est bien. Mais, dis-moi, c'est pour quand la soutenance ?

– Avant la fin de l'année, si tout va bien.

– Oui, et tu en auras fini avec le calvaire des études ! Je t'envie, tu sais.

– Pas si vite, cousine. J'envisage de faire une sous-spécialisation en cancer du sein. Les études ne finissent jamais. Chaque jour est un apprentissage. N'est-ce pas, Saly ?

– En effet, répondit cette dernière en le regardant dans les yeux cette fois-ci.

– Bon ! Mesdemoiselles, je vais devoir vous quitter, car j'ai un rendez-vous important.

– Oh ! Déjà ? dit Khady.

– Malheureusement, oui. Ce fut un réel plaisir de partager ces moments avec vous. J'espère que nous nous reverrons bientôt, dit-il à l'attention de Saly.

– Je ne crois pas que …

– Mais bien sûr que vous vous reverrez ! Je m'en chargerai personnellement », coupa Khady.

Sur ce, il s'éloigna à grandes enjambées sans se retourner. Elle le suivit du regard jusqu'à ce qu'il disparaisse.

« Il te plaît n'est-ce pas ? dit Khady d'une voix enrouée.

– Tu es folle ? Qu'est-ce que tu racontes ?

– Tu peux toujours nier, mais ton regard ne peut mentir.

– Il est beau, simple et correct, je l'avoue, mais je n'ai pas le temps de tomber amoureuse.

– Moi je trouve que vous iriez très bien ensemble. »

Les deux amies se quittèrent à la porte de l'université. Saly allait affronter de nouveau la galère des transports en commun. Habitant la banlieue dakaroise, dans une cité à Keur Massar, elle prenait au moins deux cars avant d'arriver chez elle. Depuis trois ans qu'elle y vivait, elle avait appris à aimer cet endroit. Bien qu'enclavé, c'était un site calme avec des maisons spacieuses.

Les jours suivants, ses pensées se tournaient constamment vers Seydou. Le vendredi, elle eut son amie au téléphone qui ne manqua pas de la taquiner à propos de son cousin. Le lendemain, elle s'adonnait à la lecture lorsque son téléphone sonna. Elle répondit machinalement après la quatrième sonnerie tant elle était absorbée par son bouquin. Mais, quelle ne fut pas sa surprise lorsqu'elle reconnut cette voix virile et sensuelle qu'elle avait guettée pendant plusieurs jours, comme si inconsciemment, elle s'y était déjà familiarisée.

« Quelle surprise ! Je ne savais pas que vous aviez mon numéro.

– J'ai mes sources, jolie demoiselle ! dit-il sur un ton jovial.

– Mmm ! Je me doute bien de qui cela peut être !

– Vous n'avez pas l'air très heureuse de m'entendre.

– Non. C'est juste que… je ne m'y attendais pas.

– Alors, c'est une bonne ou une mauvaise surprise ?

– Plutôt bonne je dirais, répondit-elle en s'adossant sur l'oreiller.

– Cela me rassure. J'aimerais beaucoup vous revoir, Saly.

– Je ne pense pas que ce soit une bonne idée. Je suis trop occupée par mes études. Et vous aussi, car je sais que les médecins ont peu de temps pour eux-mêmes.

– Je trouverai toujours du temps pour vous. Je vous laisse y réfléchir. Je peux vous dire tout de suite que vous me plaisez beaucoup. Mais ce sentiment doit être réciproque.

– Vous me prenez de court, répondit-elle après un instant de silence.

– Vous savez, je suis arrivé à un moment de ma vie où je ne m'autorise plus certains écarts de conduite. J'ai pleinement vécu ma jeunesse et j'envisage sérieusement de me ranger. Et pour ce faire, j'ai besoin d'une femme pieuse et sérieuse à mes côtés. Et je crois avoir trouvé celle qu'il me faut. »

Saly ne sut que répondre. Elle était certes très honorée de l'image qu'elle renvoyait, mais n'était pas pour autant certaine de vouloir se lier avec Seydou, malgré l'attirance qu'elle avait pour lui. En dépit des reproches de son entourage, elle avait tenu à rester seule depuis un bon bout de temps parce qu'elle ne se sentait pas prête à s'engager.

Constatant le silence qui suivit sa déclaration, Seydou s'empressa d'ajouter : « Je vous laisse le temps de prendre la bonne décision. Je suis un homme patient. Prenez votre temps. Je vous rappelle bientôt. » Sur ce, il raccrocha, laissant une Saly désemparée, qui croyait à peine à ce qui lui arrivait.

Les jours se succédaient et se ressemblaient. Elle se réveillait à 5 h du matin pour ne pas arriver en retard. Elle s'était inscrite dans une école de formation professionnelle pour y effectuer une licence en *management* et gestion du personnel en cours du soir et ce canevas se reliait ainsi à ses études universitaires. Elle arrivait donc souvent tard à Keur Massar.

Les *week-ends* étaient alors l'occasion de passer des moments dans la bonne ambiance familiale. Elle était l'aînée d'une famille de deux garçons et autant de filles, et entretenait une certaine complicité avec chacun d'eux. Elle était réservée et ne se mêlait jamais de ce qui ne la regardait pas. C'était une fille qui avait du caractère et qui choisissait minutieusement ses fréquentations.

Elle se surprit à guetter le coup de fil de Seydou, mais il ne se manifestait toujours pas. Deux semaines qu'elle attendait, mais rien. Elle se convainquit qu'il avait peut-être décidé de ne plus la revoir. Qui sait ! C'était peut-être mieux ainsi. Pourtant, une petite voix lui disait le contraire.

À l'université, les dirigeants des grèves venaient de décréter ce mardi-là soixante-douze heures renouvelables. C'était une occasion pour Saly de s'offrir un peu de temps libre, lui permettant ainsi de revoir ses cours. Ce qui l'étonna fut de n'avoir même pas croisé Seydou alors qu'il passait souvent à l'université. Aussi, se demandait-elle si le destin avait décidé de les séparer d'emblée. Le même jour, elle rencontra Khady avec qui elle discuta un bon moment.

« Alors, que vas-tu faire durant ces trois jours libres ? demanda cette dernière.

– Rester chez moi, bien sûr. Mais, à partir de 17 h, je dois être en cours du soir sauf le jeudi.

– C'est bien ce que je pensais.

Saly tenta la question qui lui brûlait les lèvres.

– Comment va ton cousin ?

– Oh ! Bien. Je restais des mois sans avoir de ses nouvelles, mais depuis deux semaines, il m'appelle constamment et vient même chez moi. Eh oui ! Mes soupçons étaient avérés. Entre vous deux, c'était le coup de foudre.

– Qu'est-ce que tu racontes ? Je ne crois pas à ces choses-là ! Il faut que je te laisse maintenant. On s'appelle plus tard », balbutia-t-elle en tournant les talons pour éviter de s'étendre sur le sujet.

Elle allait avoir de nouveau trois jours pour souffler un peu. Le rythme lui semblait déjà un peu dur à soutenir. Entre les cours de l'université et sa formation professionnelle, elle avait un emploi du temps qui laissait place à très peu de vide. Ainsi, elle se promit de profiter du jeudi pour se reposer.

Ce jour-là, elle fit la cuisine avec beaucoup d'enthousiasme, au grand bonheur de sa mère. L'après-midi, les enfants étaient à l'école, sa mère faisait la sieste, son père quant à lui était au travail. Elle était alors seule au salon en train de regarder un film, lorsque la sonnerie de la porte d'entrée retentit. La femme de ménage se chargea d'ouvrir. Elle entendit deux voix. L'une était celle de Khady qui, bien sûr, connaissait bien la maison, mais l'autre ne pouvait appartenir à celui qu'elle croyait. C'était incroyable, mais vrai ! Elle se surprit à rajuster ses vêtements. La femme de ménage se chargea de les faire entrer au salon alors qu'elle essayait de calmer ses nerfs.

« Bonjour Saly.

– Bonjour... Quelle surprise de vous voir ! dit-elle presque calmement.

– Salut ! Ah ! C'est fou ce qu'on se fatigue pour arriver à Keur Massar, dit Khady en s'asseyant.

– Prenez place et faites comme chez vous, dit Saly à l'attention de Seydou.

– Vous allez arrêter de vous vouvoyer à la fin ? C'est plus facile de dire « tu » non ? intervint son amie.

– Tu as raison cousine. À moins que Saly y voie une objection.

– Oh ! Cela ne me dérange nullement. Alors, tu n'es pas fatigué par ce trajet, j'espère.

– Non, ça va pour moi. Mais je vois que ma cousine ne dirait pas la même chose.

– Sûrement pas ! Mais cela en vaut la peine, n'est-ce pas Seydou ?

– En effet ! » répondit ce dernier malicieusement.

La discussion se poursuivit et tourna autour de l'université et ces incessantes grèves qui semaient le désordre sur l'avenue Cheikh Anta Diop, avec la confrontation entre policiers et étudiants.

Elle n'avait plus aucun doute. Elle aimait cet homme. Son cœur battait plus fort et elle avait les nerfs à fleur de peau. Elle s'excusa un moment, le temps de préparer des rafraîchissements, en profitant pour reprendre ses esprits. Elle revint un moment plus tard et servit à boire. Mais son amie s'empressa de dire en se levant : « Je vais prendre l'air. J'en ai pour quelques minutes ».

Elle avait soudain envie d'appeler au secours. Elle avait peur de ses émotions et surtout peur de se trahir. Elle sentait son regard, mais n'osait le lui rendre.

« Ce n'est pas la peine de me fuir ainsi, Saly. Je veux juste que nous ayons une discussion très sérieuse.

– Je t'écoute, dit-elle avec une pointe de timidité.

– Tu n'as quand même pas peur de moi ? lui dit-il.

– Je ne vois pas pourquoi j'aurais peur, dit-elle en le regardant dans un élan de riposte.

– C'est rassurant, car cela m'aurait beaucoup gêné. »

Elle s'empressa de changer de sujet.

« Tu habites loin ?

– Je ne sais pas ce que tu entends par loin, mais j'habite avec mes parents au Point E.

– Alors, tu as dû faire un long trajet jusqu'ici.

– Ce que je ne regrette absolument pas. Sache que je suis prêt à faire mille fois cette distance pour te voir.

– Je t'en prie... dit-elle, embarrassée.

– Je ne te le cache pas. Pendant tout ce temps, toutes mes pensées étaient orientées vers toi, dit-il en gardant les yeux fixés sur elle.

– Je ne vois pas où tu veux en venir.

– Alors, je vais droit au but. Je ressens quelque chose de fort pour toi. Je sais que cela peut paraître fou, mais c'est la réalité. Je sais également que je ne te suis pas indifférent.

– Je ne vois pas ce qui te permet d'affirmer cela ! dit-elle en levant les yeux sur lui.

– Voyons… Je sais que tu es une fille voilée, mais laisse ton orgueil de côté et exprime-toi parce que comme tout humain, tu as un cœur. »

Cette phrase la cloua sur place. Oui, il avait raison et elle s'interdisait le mensonge.

« Quand bien même ce serait le cas, je ne sais pas ce que tu attends de moi.

– Je sais que tu es une fille sérieuse. Je sais également que tu as beaucoup de caractère. Je ne te demande rien d'immoral. Tout ce que je veux, c'est d'abord que tu me laisses te prouver mon amour.

– Mais comment ?

– L'avenir te le dira, si tu acceptes de me faire confiance.

– Je vais y penser.

– Aie confiance en moi tout comme j'ai confiance en mon amour.

– Écoute... Jusque-là je me suis entièrement consacrée à mes études qui passent en premier lieu. J'en ai reçu des propositions de mariage, mais aucune ne m'intéressait.

– C'est parce que tu ne ressentais pas pour eux ce que je ressens pour toi.

– Mais….

– Je t'en prie, je te demande un mois. Rien qu'un mois. Si, passé ce délai, tu peux me regarder dans les yeux et me dire "je ne t'aime pas", alors je sortirai de ta vie pour toujours. »

Saly reçut ces mots comme un coup de poignard. La simple idée que cet homme assis en face d'elle sorte de sa vie lui paraissait insoutenable. Oui, elle voulait de lui comme mari, comme père de ses enfants, complice, ami, confident. Mais son orgueil et sa fierté lui interdisaient d'avouer ses sentiments.

« Très bien, un mois. Mais je ne te promets absolument rien.

– Tu ne regretteras pas de me faire confiance », dit-il avec un sourire de soulagement.

C'est ce même sourire qui la troublait énormément.

« Bien ! Je vais appeler Khady avant qu'elle ne se calcine au soleil, dit-elle en se levant.

– Non ! Nous allons aller la chercher ensemble. N'oublie pas que dorénavant nos cœurs ne forment plus qu'un », ajouta-t-il avec autorité.

Ils la trouvèrent en train de faire les cent pas dans la cour. En les apercevant, elle les observa un moment et peu à peu un sourire se dessina sur ses lèvres. Puis elle se lança au cou de son amie. Seydou resta à l'écart et se contenta de les contempler avec un bonheur inouï.

« Si vous saviez ce que je suis contente pour vous deux ! dit Khady.

– J'espère que c'est la bonne décision que j'ai prise.

– Ah ! Ma chérie, j'en suis persuadée. »

Ils retournèrent tous les trois dans le salon, discutant de choses et d'autres. Au réveil de sa mère, ce fut à son tour de lui présenter Seydou. Elle le trouva visiblement charmant et surtout bien éduqué. Ils ne quittèrent Saly que vers 18 h. Et cette dernière resta euphorique tout le reste de la soirée, se rappelant chaque détail de cet inoubliable après midi du jeudi 20 janvier. Elle aimait tout de cet homme. Son sourire, son éloquence et sa démarche le rendaient unique à ses yeux.

Ce soir-là, elle se mit très tôt au lit. À 21 h, elle était déjà couchée, mais savait d'ores et déjà qu'elle n'allait pas trouver le sommeil de sitôt. Elle tourna et se retourna dans son lit avec un sourire qui ne voulait pas quitter son visage. Lorsque son portable sonna, elle répondit machinalement. Son sang ne fit qu'un tour lorsqu'elle reconnut la voix à l'autre bout du fil.

« Bonsoir mon trésor.

– Bonsoir.

– Aujourd'hui, tu as fait de moi l'homme le plus heureux de la planète.

– J'en suis ravie.

– Je ne peux dormir sans souhaiter bonne nuit à ma princesse.

– Ta princesse en est très honorée.

– Sache ma chérie que tu occupes chaque parcelle de mon cœur et de mon esprit. Mais dis-moi, je ne te réveille pas j'espère ?

– Bien sûr que non, voyons. Je me suis couchée tôt ce soir, mais je ne trouve pas le sommeil.

– Y aurait-il une raison particulière à cette insomnie ?

– Non, je ne vois pas de raison particulière. Cela m'arrive souvent ces temps-ci. »

"Cela m'arrive souvent depuis notre rencontre", aurait-elle voulu ajouter. Mais son orgueil ne l'autorisait guère à franchir cette étape.

« Je ne vais pas te déranger plus longtemps mon cœur. Ton sourire et la douceur de ton regard peupleront mes pensées et mes rêves.

– Sache que la sensualité de ta voix hantera mon sommeil, s'entendit-elle dire spontanément.

– Bonne nuit ma princesse. Que les anges du paradis veillent sur toi. »

Ce fut la fin de la conversation. Elle demeura pensive. Elle déposa son portable sur son cœur et dormit ainsi, n'ayant de pensées que pour celui qu'elle aimait.

De son côté, Seydou avait conscience qu'il venait de trouver la perle rare. Il avait connu pas mal de filles et fut à un certain moment un bourreau des cœurs. Il était sorti avec beaucoup de belles filles, mais les vertus de Saly, ainsi que la touche d'inaccessibilité qu'elle dégageait, étaient inégalables. Cependant, il savait que séduire une fille pareille n'allait pas être chose aisée. Il lui fallait être créatif tout en respectant ses principes parce qu'il était persuadé qu'aucun acte déplacé ne lui serait toléré.

Les jours s'écoulèrent tous aussi différents les uns que les autres. Saly découvrait de plus en plus des facettes de Seydou qui l'impressionnaient. C'était un homme très attentionné et qui la respectait. Le voile que celle-ci portait s'accompagnait de quelques principes tels que ne pas serrer la main à un homme en dehors des membres de la famille proche et aucun contact physique avec le fiancé. Contrairement à la pratique dans certains pays, le port du voile au Sénégal relève d'une décision personnelle. Nul ne peut l'imposer à qui que ce soit. Lorsqu'elle fit le choix de le porter il y a deux ans de cela, ses parents en furent même intrigués. Mais, ils acceptèrent sa décision tout en se réjouissant du fait qu'elle emprunte la voie de la piété. Elle était une pratiquante de la religion musulmane qui, à ce titre, tentait d'en respecter les règles. En outre, elle était heureuse de constater que Seydou en était conscient.

En effet, ce qui plaisait le plus à ce dernier chez cette femme voilée c'est qu'elle représentait un mystère pour lui. Il ne pouvait savoir si ses formes étaient harmonieuses, ni si elle avait les cheveux longs entre autres. Ce luxe était réservé à celui qui l'épouserait ; et il avait bien l'intention de mettre tous les atouts de son côté pour accéder à ce privilège. Il en faisait un défi personnel.

Il connaissait son emploi du temps par cœur. Il venait, chaque fois qu'il pouvait, la chercher pour déjeuner et ne manquait jamais de la raccompagner jusqu'à ce qu'elle prenne le car. Parfois, ils se promenaient le long de la plage. Ils devenaient de plus en plus complices. Ils avaient l'impression de se connaître depuis toujours. Il ne se passait pas une nuit sans qu'il ne l'appelle afin de lui souhaiter bonne nuit. Il lui faisait souvent des surprises et ne manquait jamais une occasion pour lui rappeler son amour.

Petit à petit, elle apprenait à vaincre son orgueil. Elle s'attachait à cet homme. Cependant, il lui était impossible de prononcer la phrase « je t'aime ». Ces trois mots pesaient lourd pour elle. Pourtant, c'est ce qu'elle ressentait. Elle se promit de lui dire un jour si cet homme devenait son mari. Tout ce qu'elle s'autorisait, c'était des phrases comme « tu es vraiment adorable » ou « je te trouve très galant », ou encore « bonne nuit mon prince ».

Il était né un 8 février et elle deux jours plus tard. Quand ils s'en rendirent compte, ce fut vraiment incroyable pour eux. Il eut l'idée qu'ils le fêteraient dorénavant le 9 février. Chacun allait faire un pas vers l'autre pour qu'ils se retrouvent.

Ce jour-là, ils s'étaient donné rendez-vous pour le déjeuner. Il l'amena face à l'océan. Une fois sur place, le premier réflexe de Saly fut d'enlever ses chaussures. Elle adorait sentir le sable lui caresser les pieds. La plage était quasi déserte avec une dizaine de tentes parsemées à quelques intervalles. Une poignée d'hommes faisaient du sport de l'autre côté. Une montagne de roche constituait un demi-cercle entourant la plage. De fortes vagues se succédaient. Au loin apparaissait l'île de Gorée, comme un point au milieu de l'océan. Elle releva son pantalon pour sentir la fraîcheur de l'eau.

De son côté, Seydou laissait libre cours à son imagination en contemplant cette petite partie des jambes de Saly dénudée occasionnellement. Par moment, il ne pouvait s'empêcher de se représenter cette femme dans son intimité. Aussi, en voyant ces jambes fines et moites, légèrement plus claires que le visage, il se hasarda à deviner ce qui pouvait se cacher derrière ces vêtements qui couvraient jalousement ce trésor.

Loin d'imaginer les pensées de Seydou, Saly sursauta lorsqu'une vague s'écrasa sur ses pieds, mouillant ainsi le pantalon pas assez relevé.

« Cet endroit est magnifique ! dit-elle dans un élan d'euphorie en le rejoignant, tout en pressant la partie mouillée afin de l'égoutter.

– Heureux que ça te plaise. Viens sous la tente. Tu peux t'asseoir et profiter de la belle vue en étant à l'abri du soleil.

– Voyons ce que Dr Camara a eu comme idée », dit-elle après s'être installée sur la natte qu'il avait étalée sur le sable.

Il fallait reconnaître qu'il n'était pas en manque d'inspiration ! C'était un véritable festin : *salade de crevettes* en entrée, *calamars* comme plat de résistance, jus de tamarin, d'orange et de bissap, des fruits et deux glaces chocolat-vanille.

« Je suis impressionnée ! Voilà ce que l'on appelle le parallélisme des formes. Déjeuner au bord de la mer, menu fruits de mer !

– Et tu n'as encore rien vu. Je te réserve d'autres surprises. Mais chaque chose en son temps. Pour l'instant, j'ai l'estomac dans les talons », dit-il en souriant.

Ils savourèrent les mets en discutant sur leurs études respectives. L'ambiance était détendue. Il la connaissait davantage chaque jour, découvrant des facettes de sa personnalité qui l'enchantaient. Vers 13 h 30, ils étaient silencieux, glaces à la main, et semblaient tous les deux perdus dans leurs pensées.

« Merci pour ce déjeuner, dit-elle en rompant le silence.

– Merci de partager ces moments avec moi. »

Elle lui avait acheté des boutons de manchette argentés ainsi qu'une cravate bleue, en espérant que cela lui plaise. Elle s'était dit qu'il méritait qu'elle fasse un geste après tous les efforts qu'il avait déployés. Pour un médecin, il fallait dire qu'il lui consacrait beaucoup de temps. Elle fut la première à lui remettre son cadeau.

« Joyeux anniversaire », dit-elle en lui tendant la boîte.

Quand il l'ouvrit, l'émotion se lisait sur son visage. Il se sentait trop bien avec elle. La crainte de la perdre était maintenant très forte, d'autant plus qu'il se sentait plus que lié. Il lui fallait être à la hauteur. L'échec n'était pas permis.

Il posa ensuite les yeux sur elle. Son visage était soudain redevenu impassible. Il paraissait plus que sérieux. Se sentant fondre sous ce regard qu'elle connaissait bien dorénavant, elle baissa les yeux. « Mon Dieu ! Qu'il est beau », se disait-elle. Il l'était particulièrement ce jour-là. On voyait bien qu'il s'était rasé de près. Il portait une chemise blanche à fines rayures bleues et un pantalon noir. Comme toujours, il était simple, mais élégant.

« C'est très gentil de ta part, chérie. J'avoue que je ne m'y attendais vraiment pas.

– Et pourquoi pas ? Je sais que tu fais beaucoup d'efforts et que ton amour est sincère. Et je sais également que tu mérites plus. Dorénavant, ce jour nous appartient à tous les deux. C'était une bonne idée de fêter notre anniversaire ensemble.

– Tu as raison. En fait, je suis surpris parce que tu n'as jamais vraiment répondu à mon amour. Je suis très content de ton cadeau. Cela veut dire que mes efforts ne sont peut-être pas vains.

– Je n'ai jamais prétendu que c'était le cas.

– Maintenant, à mon tour. J'ai quelque chose pour toi et j'espère que cela te plaira. Joyeux anniversaire mon ange. »

Joignant le geste à la parole, il sortit de sa poche une boîte rouge. Lorsqu'elle l'ouvrit, elle fut émerveillée. C'était un merveilleux pendentif avec la lettre « S » au cœur. Il faut se rappeler que « S » est leur initiale commune. Elle ne savait que dire ni que faire. Notant une certaine hésitation, il eut peur d'avoir fait un mauvais choix.

« Mon amour, c'est en or, tu sais ! Mais si cela ne te plaît pas, je peux toujours…

– Mais non, tu ne comprends pas. C'est merveilleux et cela me va droit au cœur. Mais je ne peux pas accepter. Ce pendentif a dû te coûter une fortune et il faut que tu le rendes.

– Comment ?! cria-t-il, indigné et gagné par la colère.

– Oui, je ne veux pas de présent de valeur entre nous. Je ne veux pas que tu dépenses ton argent pour moi, ni que tu négliges ton métier pour moi, car je m'en voudrais beaucoup. Tu es en dernière année de spécialisation et je veux que tout se passe bien pour toi.

– Mais… je ne suis pas ruiné, tu sais. J'ai les moyens de t'offrir ce bijou, et puis je ne néglige pas ma profession, rassure-toi », dit-il sur un ton d'impatience.

Mais elle était trop fière pour accepter. Aussi, refusa-t-elle de nouveau.

« Désolée, mais c'est non.

– Très bien ! Si tu ne veux pas accepter, cela te regarde. Tu peux le donner ou même le jeter si tu préfères. Mais il est hors de question que cette boîte rentre avec moi ! J'ai une consultation dans une demi-heure, il faut qu'on y aille », déclara-t-il sur un ton sans appel avant de se lever.

Elle en resta muette de torpeur. Elle ne savait pas qu'il pouvait être aussi nerveux. Ils marchèrent en silence jusqu'à la route. Il arrêta un taxi, parla au chauffeur et se tourna vers elle.

« Il te ramènera à la fac puisque tu as cours cet après-midi. Prends ceci pour payer le taxi, dit-il en lui tendant un billet de dix mille francs.

– Je n'ai pas besoin de ton argent ! J'ai de quoi payer. Merci », dit-elle sur un ton d'indignation.

Elle s'engouffra dans la voiture qui démarra aussitôt, sans un regard pour lui. Arrivée à l'entrée de la faculté, elle aperçut Khady et l'interpella en descendant du taxi. Cette dernière la vit et se dirigea vers elle.

« J'allais t'appeler. Je viens de raccrocher avec Seydou. Mais qu'est-ce qui s'est passé ? s'enquit-elle.

– Je ne vois pas pourquoi il s'énerve. J'ai juste formulé mon refus de prendre ce cadeau », répondit-elle en lui tendant la boîte.

Son amie observa le bijou un moment et se tourna de nouveau vers elle.

« Et pourquoi pas ?

– Tu sais bien que par principe, je ne veux pas de présent de valeur de la part d'un homme. J'aurais l'impression qu'il veut m'acheter.

– Mais tu es folle ! Tu dois rompre avec cette idéologie si tu veux être heureuse. S'il te l'a offert, c'est parce qu'il en a largement les moyens.

– Comment ça largement les moyens ?

– Oui, je te connais et je sais que tu n'aurais jamais accepté de sortir avec lui si tu le savais à cause de tes stupides principes.

– Où veux-tu en venir ? Je sais qu'il travaille et même s'il en a les moyens, je ne veux pas.

– Son père est le propriétaire d'une grande entreprise de la place. Et sa mère, qui est ma tante, est politicienne et travaille au ministère de l'Environnement. C'est une femme très influente.

– Mais pourquoi ne m'as-tu rien dit ?

– Parce que ce n'est pas important !

– Bien sûr que si ! Cela change toutes les données. Tu sais que ma famille est modeste. Et je ne sais pas si je me sentirais à l'aise dans cette situation. En plus, ses parents ne seront peut-être pas d'accord avec notre union, ou ils vont me prendre pour une profiteuse, dit-elle d'un air abattu.

– Non, cela n'arrivera pas. C'est aussi ma famille et ils n'ont pas ce genre de préjugés.

– Je ne sais plus ce que je dois faire. Tout allait très bien, mais maintenant…

– Rien n'a changé. Vous vous aimez toujours, c'est l'essentiel. Écoute-moi, ne le laisse pas t'échapper. Prends en compte tous les sacrifices qu'il a faits. Il vient chez toi tout le temps, il est très prévoyant, galant, séduisant. Je t'en prie, ne laisse pas ton orgueil te prendre le bonheur. »

Elle réfléchit à tout ce que son amie venait de lui dire. Elle se dit qu'elle avait peut-être raison. Dès qu'elle rentra chez elle, elle fit part de son altercation avec Seydou à sa mère. Celle-ci lui conseilla d'accepter son cadeau, non sans insister sur la conservation de sa dignité. Cette valeur en voie de disparition dans le monde actuel, Saly y tenait en premier lieu. Elle était prête à tout pour la préserver. Après quelques moments d'hésitation, elle se décida à l'appeler sur son portable.

« Allô ! entendit-elle.

– Salut, c'est Saly.

– Je sais bien que c'est toi. C'est ta voix qui me berce toutes les nuits jusqu'à ce que je trouve le sommeil, dit-il d'une voix sourde.

– Écoute… je voudrais m'excuser pour tout à l'heure.

– Moi aussi, je regrette de m'être emporté. Mais dis-toi que ce pendentif n'est rien comparé à l'amour que je te porte. D'ailleurs, j'ai une autre surprise pour toi.

– Oh non ! De quoi s'agit-il cette fois-ci ?

– Ne quitte surtout pas... Non ! Je préfère plutôt te rappeler dans cinq minutes.

– Très bien, à tout à l'heure alors. »

Elle demeura pensive. De quoi pouvait-il s'agir ? Ces minutes durèrent une éternité pour elle. Aussi décrocha-t-elle à la première sonnerie.

« Ma chérie, je vais te présenter la femme qui compte le plus dans ma vie.

– Comment ?! s'enquit-elle avec une pointe de jalousie.

– Il s'agit de ma mère.

Elle sentit un énorme soulagement.

– Bonsoir Saly. Je suis ravie de faire votre connaissance.

– Tout le plaisir est pour moi, Madame Camara.

– Mon prénom est Awa. Je vous en prie, pas de formalités entre nous. En fait, j'aime beaucoup mon fils. Et comme on le dit, "l'ami de mon ami est mon ami". Aussi, je vous apprécie déjà, même sans vous avoir jamais vue. Seydou m'a beaucoup parlé de vous.

– Merci Tata. J'espère mériter cette affection que vous me portez.

– J'en suis convaincue. Il m'a fait part de votre... malentendu à propos du pendentif. Sachez que c'est moi qui lui en ai donné l'idée. Je vous prie de bien vouloir l'accepter, car c'est un cadeau qui vient du cœur.

– Je comprends, répondit-elle simplement.

– Bien ! Je vous quitte à regret ma chérie. Ma porte vous sera toujours ouverte. Si vous avez besoin de quoi que ce soit, n'hésitez surtout pas.

– Merci Tata Awa. Bonne soirée.

– À vous de même. Ne quittez pas, il meurt d'envie de vous parler. »

Elle s'accrocha à son téléphone. L'instant d'après, c'était la voix de l'homme qu'elle aimait à l'autre bout du fil.

« Je suis sûr que tu lui as fait bonne impression. Elle t'adore déjà.

– Je l'espère. Pour une surprise, c'est une surprise. Je ne sais pas quoi dire.

– Alors, ne dis rien. Contente-toi d'augmenter la place que j'occupe dans ton cœur.

– Je crois que c'est déjà fait.

– Bonne nuit princesse. Je suis très fier de toi. »

Tout était ainsi rentré dans l'ordre. Elle décida d'accrocher ce pendentif à son cou. Quoi qu'il en soit, il ne le verrait que s'il devenait son mari ; ce qu'elle souhaitait de tout son cœur. Elle appela Khady pour lui faire part de la bonne nouvelle des réconciliations.

Les jours suivants se passèrent sans incident. Elle se rappela que le prochain 20 février serait le jour de vérité. Il lui avait demandé un mois, mais un jour aurait suffi pour se rendre à l'évidence. Il lui présenta son père au téléphone. Ce dernier semblait très sympathique. Quelques rares amis de Seydou dont elle avait fait la connaissance l'appelaient parfois pour prendre de ses nouvelles.

Par principe, elle refusait d'aller chez lui. Ils se retrouvaient parfois en ville, faisaient des promenades, déjeunaient ensemble, mais jamais chez lui. Elle préférait le recevoir chez elle comme il se doit. À première vue, cela peut sembler vieux jeu, mais la femme qui rend visite à un homme n'est pas bien vue par la société sénégalaise. Aussi tint-elle à respecter cette règle.

Le 20 février était un dimanche. Elle savait pertinemment qu'il allait venir chez elle. Il arriva vers 17 h, toujours élégant dans sa façon de marcher, de parler et de s'habiller. Tout en lui incarnait le charme de la masculinité.

Ils s'installèrent au salon.

« Tu sais quel jour on est, je présume, commença-t-il d'un ton amusé.

– Oui, on est dimanche, répondit-elle avec une note de fausse innocence.

– Sois sérieuse, veux tu ?

– OK. Cela fait un mois n'est-ce pas ? dit-elle en souriant.

– Trésor, je veux que tu me regardes dans les yeux.

Elle s'exécuta le cœur battant.

– Je ne veux entendre qu'une seule phrase. Cette phrase dont dépend mon bonheur. Ma chérie, mon destin est entre tes mains.

"Mon Dieu ! Qu'il est beau quand il prend cet air sérieux", pensa-t-elle avant de formuler la fameuse phrase.

– Oui Seydou, je t'aime. »

Soulagement et bonheur se lurent sur le visage de ce dernier. Au fond de lui, il venait de remporter un important défi. Mais il ne se limiterait pas à cela. Il se sentait maintenant prêt pour le grand saut.

– Je t'ai avoué mon amour, mais cela ne veut pas dire que j'abandonne mes principes, s'empressa-t-elle d'ajouter.

– Je sais trésor. Tu viens de faire de moi un homme comblé. Je veux partager ma vie avec toi, que tu sois la mère de mes enfants… Saly, acceptes-tu de devenir ma femme ?

Elle était abasourdie. C'est de la folie de se marier en plein milieu d'année scolaire. En plus, ils ne se connaissaient que depuis un peu plus d'un mois. En remarquant un soupçon d'hésitation, il fut pris de panique.

– Chérie, je ne te demande pas de m'épouser tout de suite, tu sais. Cela peut être vers la fin de l'année, si tu préfères. C'est à toi de décider.

– Bien sûr que j'accepte de t'épouser, mais pas avant que tu ne termines tes études.

Ils étaient heureux et soulagés.

– Mon amour, je sais que je ne peux pas te prendre dans mes bras, ni t'embrasser tant que tu ne seras pas ma femme, bien que j'en meure d'envie. Mais cela ne fait que te rehausser à mes yeux. J'espère que notre bonheur sera éternel. »

II.

Les parents de Saly furent très contents de cette nouvelle. La mère de Seydou appela sa future belle-fille pour lui réitérer son approbation. Mais, la plus comblée de toutes fut Khady. Cette dernière avait aussi son histoire d'amour avec Amadou, parti étudier en Tunisie. Ils avaient décidé de se marier à son retour.

Les mois s'écoulèrent très vite. Début septembre, Seydou présenta son mémoire de spécialisation. La salle était pleine de monde. Loin d'avoir le trac, il parla avec assurance et répondit aux questions des jurés. À l'annonce du verdict, les applaudissements fusèrent. Saly était fière de cet homme hissé sur le pavois par fruit de son travail. Elle avait foi en son avenir de grand médecin.

Ce fut l'occasion pour elle de rencontrer la famille de Seydou. Cette perspective l'effrayait évidemment, car elle avait peur de ne pas être appréciée. Lorsqu'elle lui fit part de ses craintes, il la rassura et fit les présentations avec ses parents et sa sœur Nafy qui ne devait avoir que 16 ans. Les appréhensions de Saly se dissipèrent très vite à la vue de sa future belle-mère.

C'était une femme très élégante qui paraissait avoir la cinquantaine. Elle avait constamment le sourire aux lèvres, mettant en valeur ses dents blanches qui accentuaient son charme. Deux fossettes creuses encadraient son visage. Seydou tenait sûrement sa beauté de sa mère. Ils se ressemblaient beaucoup, le même sourire, les mêmes yeux.

Tous trois discutèrent un bon moment.

« Félicitations Seydou, je trouve ta fiancée très belle.

– Tu sais bien que j'ai bon goût, maman.

– Mais bien sûr, comme ta mère, dit-elle avec un sourire malicieux.

– Merci Tata Awa. Je vous renvoie le compliment, répondit Saly.

– Ma chérie, c'est avec plaisir que je t'accueille dans ma famille. Je vais vous laisser discuter entre amoureux », dit-elle avant de s'éloigner vers un petit groupe qui discutait sûrement de politique.

Ils étaient tous dans la faculté de médecine. Seydou était constamment pris en photo avec les invités : parents et amis. Il fit quelques poses avec Saly, qui en profita pour le taquiner.

« Alors Docteur Camara, on tient le coup ?

– Je tiendrai tant que je serai avec la future madame Camara, répondit-il sur le même ton.

– Je suis fière de toi », dit-elle sur un ton jovial en le regardant dans les yeux.

Le week-end suivant, Seydou et sa mère rendirent visite à la famille de Saly. Tout se passa dans les meilleures conditions. Les deux dames parlèrent du mariage. Une semaine plus tard, la famille Camara apporta la dot : un million de FCFA et une montre en or. Saly trouva la somme excessive. Elle ne put s'empêcher de se désoler du fait que les cérémonies familiales soient devenues de véritables occasions de gaspillage et d'usurpation. Malgré le montant de la dot, les deux familles décidèrent que la cérémonie se déroulerait dans l'intimité et la sobriété.

Le jour J, seuls les proches étaient au rendez-vous. Saly était particulièrement belle. Elle qui n'avait pas l'habitude de se maquiller fut obligée de le faire. Elle portait un ensemble jupe sirène et haut en soie perlée blanche avec des chaussures argentées à hauts talons, sans oublier le voile assorti. La beauté de ses yeux qui s'était accentuée, son merveilleux sourire mettant en avant sa dentition et ses pommettes saillantes la rendait plus gracieuse que jamais.

Comme la tradition l'exige, le marié était absent des lieux. Il était prévu qu'elle rejoindrait la demeure de son époux ultérieurement. Auparavant, il fallait que les deux familles s'accordent sur une date précise. Elle n'habiterait alors plus à Keur Massar, mais au Point E. En son for intérieur, elle redoutait de vivre avec ses beaux-parents. Cette cohabitation était souvent source de discorde. En effet, le mariage au Sénégal ne se limite pas aux conjoints. La femme doit également se plier aux exigences des beaux-parents et supporter les humeurs des belles-sœurs. Malheureusement, certains couples ne résistent pas à cette pression familiale.

Cependant, il y avait également des cas où la cohabitation consolide le ménage lorsque la belle-mère joue le rôle d'assembleur. En général, les hommes posent moins de problèmes que les femmes dans les foyers. Les rivalités féminines sont souvent source de tension. En outre, malgré la bonne image que Saly avait de sa belle-famille, elle était un peu effrayée à l'idée de vivre chez eux. Elle craignait également le moment où elle se retrouverait dans l'intimité avec Seydou. Tous ces tourments la rendirent soucieuse bien qu'elle essaya d'afficher un sourire.

Elle espérait que son mari ne se manifesterait pas. Elle ne pouvait pas cacher son angoisse. Vers 22 h, alors qu'elle s'apprêtait à se changer, une voiture s'arrêta devant la porte de la famille Wade. Il n'y avait presque plus personne à la fête. Lorsqu'elle entendit un « *assalamou alayekoume* [1]», son sang ne fit qu'un tour.

« Seydou ! dit-elle en le voyant entrer.

– Bonsoir Saly Camara », répondit calmement ce dernier.

Elle demeura muette de stupeur, les yeux agrandis par la surprise.

---

[1] Bonjour.

« Tu es divinement belle, poursuivit-il en s'approchant d'elle.

– Mais qu... qu'est-ce que tu viens faire ici ? bégaya-t-elle.

– Je viens chercher ma femme », répondit-il posément en la regardant avec insistance.

Avec délicatesse, il lui prit la main sur laquelle il déposa un baiser sans la quitter des yeux. Elle sentit un long frisson la parcourir, un sentiment nouveau. Les parents de Saly les rejoignirent et elle se dégagea brusquement. Il les salua respectueusement et les suivit au salon. Son beau-père le félicita et sortit. Quant à la mère de Saly, elle le regardait avec méfiance.

« Ce n'était pas la peine de te déplacer, on allait te l'amener, dit-elle.

– Je sais belle-maman, mais j'ai préféré venir la chercher moi-même.

– Mais où avez-vous vu cela, mon Dieu ?! Il y a une procédure traditionnelle que nous devons respecter », s'exclama-t-elle.

Au lieu de lui répondre, Seydou observa un silence. Il voulait discuter avec sa femme sans aucune ingérence. Pour l'heure, peu lui importait la tradition, pourvu qu'il ait enfin Saly dans ses bras. Quant à cette dernière, elle restait à l'écart. Sa mère la regarda un moment et conclut avant de quitter la pièce : « Si elle ne veut pas partir avec toi, respecte sa décision ».

Ils étaient à nouveau seuls. Elle se tourna vers celui qui était désormais son mari. Il était beau dans son boubou blanc. C'était la première fois qu'elle le voyait en tenue traditionnelle.

« Ma douceur, on dirait que tu es tendue. Dorénavant, je suis ton mari pour le restant de ma vie. Et tu ne peux pas savoir combien j'en suis fier, dit-il en effleurant sa joue du revers de la main.

– C'est pareil pour moi, mon cœur, répondit-elle.

– Alors relax ! C'est le plus beau jour de ma vie et je veux effacer la crispation que je lis sur ton doux visage, dit-il d'une voix rauque en approchant son visage du sien.

– Je t'aime », dit-elle avec émotion en se blottissant dans ses bras pour la première fois.

Elle sentit un immense réconfort en étant aussi proche de lui. Elle pouvait presque entendre les battements de son cœur. À cet instant-là, elle prit conscience de la force de l'amour qu'elle avait pour lui. Cependant, elle ne se sentait pas pour autant prête pour un jeu charnel intense. Aussi, se releva-t-elle délicatement.

« En fait, il y a changement de programme, dit-il.

– De quoi s'agit-il ?

– Mon père a une maison à la Sicap. Avec mes quelques économies, je lui ai proposé de me la vendre. Je lui verserai une somme mensuelle jusqu'à ce que j'aie fini de payer. Il voulait me la donner, mais je n'ai pas accepté. Je t'ai réservé la surprise.

– Une maison, dis-tu ?

– Oui. Ta maison. Ma mère est très contente de toi. Elle ne cesse de faire des éloges depuis qu'elle est rentrée », dit-il en se levant.

Au même moment, le portable de sa femme sonna. Elle décrocha aussitôt. « Sauvée par le gong », se dit-elle. C'était Khady.

« Alors, comment s'est passé le mariage ?

– Tout aurait été parfait si tu avais été là.

– Je sais ! Mais les cours à l'université de Belgique où je me suis inscrite commencent très tôt. Tu sais bien que mon cœur est avec vous.

– Oui, je comprends. Je t'enverrai la vidéo.

– C'est super. Alors, comment va ton mari ?

– Il va te répondre lui-même », dit-elle avant de tendre l'appareil à ce dernier.

Sur ce, elle sortit du salon pour prévenir sa mère du changement de programme. Elle s'était rendue à l'évidence. Il était clair qu'elle allait partir avec lui. Lorsqu'elle retourna au salon, il avait déjà raccroché. Il se leva et lui tendit la main. Elle hésita une seconde, puis la saisit.

Le petit frère de Saly avait déjà sorti les bagages qu'elle avait rassemblés à la hâte. Elle se disait qu'elle récupérerait le reste au fur et à mesure. Le couple sortit avec la bénédiction et les prières des parents. Elle avait les larmes aux yeux. Toute sa vie elle avait été avec sa famille. Les quitter, même pour la bonne cause, était douloureux.

Fidèle à sa galanterie habituelle, Seydou lui ouvrit la portière avant de se mettre au volant d'une voiture grise.

« D'où vient cette voiture ? demanda-t-elle en essuyant une larme.

– C'est celle de ma mère. Elle me l'a donnée, car elle voulait changer. »

Le véhicule roulait à vitesse moyenne. Saly demeura pensive. Seydou tenta de détendre l'atmosphère, mais rien n'y fit. Après trois quarts d'heures de route, il s'arrêta devant une maison blanche.

« Voici ta nouvelle demeure, Madame Camara. J'espère qu'elle te plaira. »

Il lui fit visiter la maison. C'était un endroit spacieux avec un jardin à l'entrée et une cour à l'arrière, la porte du garage étant située de l'autre côté de la rue. Au rez-de-chaussée, il y avait une petite chambre, une bibliothèque qui faisait office de bureau, un imposant salon meublé de fauteuils en cuir marron, une table en verre sur laquelle reposait un vase à fleurs. Sur les murs, des rideaux rouge bordeaux et des tableaux d'art ainsi qu'une télévision à écran plat.

« Tu pourras changer la décoration si elle ne te plaît pas.

– Non, c'est parfait.

– Viens, que je te montre le reste de la maison. »

Il lui fit visiter la cuisine et les toilettes, puis ils montèrent au premier. Il y avait quatre chambres, mais seules deux étaient équipées. Elle découvrit la première qui était bien meublée pensant que c'était la sienne, mais il la détrompa.

« Et maintenant, notre chambre, dit-il en ouvrant la porte au bout du couloir.

Elle sentit la panique la gagner. Elle le suivit d'un pas hésitant.

– Après toi, ma chérie », dit-il en lui cédant le passage.

Elle entra et découvrit une pièce spacieuse avec un imposant lit sobre et élégant au milieu, assorti à une armoire à six portes et une coiffeuse. Le tout était encadré par des rideaux beiges assortis aux draps.

« C'est ma mère qui s'en est chargée. Ta chambre te plaît ? » dit-il en l'encerclant de ses bras puissants.

Gagnée par la peur, Saly saisit la première occasion pour détourner son attention.

« Bien sûr… Vers où mène cette porte ? demanda-t-elle en la montrant du doigt.

– C'est notre salle de bains. Viens voir. »

Elle fut séduite par la qualité des meubles ainsi que l'espace de la pièce. Son mari qui se tenait derrière elle la fit pivoter et elle se retrouva face à lui. Mais, elle se dégagea d'un geste brusque et se dirigea vers la porte. Il l'agrippa dès qu'elle eut fait quelques pas.

« Mais qu'est-ce que tu as, chérie ? demanda-t-il.

– Rien… C'est juste que… nous avons oublié de sortir les bagages. Il faut qu'on retourne à la voiture, prétexta-t-elle.

– Trésor, tu n'avais même pas besoin d'en apporter. Puisque tu ne voulais pas de cadeau, j'ai fait des courses durant ces mois de bonheur à tes côtés. J'espère que tu vas adorer. »

Joignant le geste à la parole, il ouvrit l'armoire et elle fut étourdie par ce qu'elle vit. Il y avait plein de tailleurs, de tuniques et de voiles, ainsi que des chaussures.

« Non, mais ça ne va pas ?! Tu veux ruiner ta famille ou quoi ? s'exclama-t-elle sous l'effet de la surprise.

– Je travaille, tu sais. Même si cela ne paie pas beaucoup, j'ai un salaire, si peu soit-il, rétorqua-t-il en souriant.

– Je sais. Mais cela me gêne que tu en fasses autant, dit-elle en baissant la tête.

– Ce n'est pas fini. J'ai quelque chose de spécial pour toi, dit-il en sortant d'un tiroir une boîte contenant une bague splendide. »

Il se chargea lui-même de la glisser à l'annulaire de sa femme.

« Elle est magnifique. Merci mon cœur. J'espère mériter toute cette affection que ta famille et toi avez pour moi.

– Tu mérites bien plus encore. Je te ferai connaître le bien-être… le plaisir… la volupté », articula-t-il d'une voix suave en enlevant le voile de Saly.

Cette dernière se laissa faire comme hypnotisée par sa voix. Puis, il retira l'épingle qui retenait ses cheveux qui retombèrent sur ses épaules. Il recula d'un pas, comme pour la contempler pour la première fois et remarqua avec plaisir qu'elle portait le pendentif qu'il lui avait offert.

« Encore plus belle que je l'imaginais ! » murmura-t-il à l'oreille de Saly qui ferma les yeux imperceptiblement pour mieux sentir son souffle, ainsi que cette main qui se promenait sur son corps avec la douceur d'une plume.

L'instant d'après, leurs lèvres se joignirent pour la première fois. En vierge effarouchée, elle avait beaucoup craint la nuit de noces. Mais Seydou se montra tellement doux et expert qu'elle en oublia toute appréhension. Bien au contraire, elle se donna avec passion et goûta aux prémices de la volupté.

Elle réalisa que cet homme qu'elle aimait était désormais son mari et se promit de tout faire pour que cette union soit une réussite. Elle allait continuer ses études certes, mais son époux passerait au premier plan. De huit ans son aîné, Seydou était un homme tendre, prévenant et galant qui avait gagné son pari en lui prouvant son amour. Elle en était consciente.

Petit à petit, elle ajouta une petite touche féminine à la décoration. Elle engagea une femme de ménage pour l'aider à l'entretien de la maison. Il exerçait à l'hôpital Le Dantec et parfois à la clinique Bien-être. Elle se réveillait toujours la première pour lui préparer le petit déjeuner et s'occuper de sa garde-robe. Ces obligations ne l'empêchèrent guère de continuer ses études. En début d'année scolaire, elle s'inscrivit en Master à l'université et à son école de formation, mais cette fois-ci en cours du jour. Elle allait devoir jongler pour prendre part aux deux formations. Elle ne voulait pas rentrer tous les jours tard comme l'année précédente. En changeant de statut, elle gagnait également certaines responsabilités envers son mari. Ce dernier décida de financer ses études, comme pour assurer la relève de son père.

Il rentrait parfois très tard, mais elle avait appris à être tolérante et compréhensive, sachant que le métier de médecin demandait quelques sacrifices. Il lui apportait souvent des cadeaux en revenant du travail. Il était très attentionné. Il la surprenait en improvisant des escapades excitantes. Il lui faisait découvrir des endroits dont elle n'avait pas connaissance. Elle vivait alors les meilleurs moments de sa vie. De son côté, elle faisait tout pour lui plaire davantage. Pour ce faire, elle avait recours aussi bien au style traditionnel que moderne. Elle s'acheta de la lingerie tricotée, des chaînettes de perles et en argent pour le bassin, de l'encens, ainsi que des nuisettes très sexy. Sa timidité fut bientôt vaincue. Elle était heureuse et savait que ce bonheur était partagé avec l'homme de sa vie.

Cela faisait un mois qu'elle s'était mariée. Ce soir-là, elle eut un coup de fil de Khady.

« Alors, et cette vie de femme mariée ?

– Merveilleuse ! Tu ne peux pas savoir comme je suis heureuse, et je crois qu'il l'est aussi.

– Ah ! J'espère être la prochaine sur la liste. Amadou m'a parlé de mariage, mais je ne sais pas comment on va faire étant donné qu'il est en Tunisie et moi en Belgique.

– Ce n'est pas grave, tu sais. La cérémonie religieuse peut avoir lieu en votre absence. Il ne vous restera plus qu'à vous retrouver après.

– Je ne sais pas. Mais je vais demander l'avis de mon cousin.

– Si tu l'aimes, alors fonce ! C'est le meilleur conseil que je puisse te donner.

– Je vais y réfléchir. Je te rappelle dès qu'il y a du nouveau. Gros bisou, belle-sœur. »

Elles étaient toujours aussi complices malgré la distance qui les séparait. Seydou en était conscient et respectait cette relation. N'était-ce pas par le biais de sa cousine qu'il avait rencontré la femme de sa vie ?

Deux mois après leur union, il fut confronté à un dilemme. Son dossier avait été accepté pour effectuer une sous-spécialisation en cancer du sein en France. C'était une opportunité pour sa carrière bien sûr, mais il n'avait vraiment aucune envie de laisser Saly seule pendant deux ans. Ce fut un choix cornélien qu'il devait pourtant faire. Après quelques jours d'hésitation, il confirma sa participation à la partie française. Son souci était à présent comment le dire à sa femme.

De son côté, celle-ci avait remarqué qu'il était contrarié et un peu distant depuis quelque temps. Au début, elle voulut croire que c'était dû à la fatigue. Mais plus le temps passait, plus la tension montait. Saly commença à se poser des questions. « Regrette-t-il de m'avoir épousée ? Y aurait-il une autre femme dans sa vie ? » Rien que de penser à ces éventualités, elle se sentait déboussolée et meurtrie. Elle décida d'en avoir le cœur net. Au bout de deux semaines de calvaire, elle décida de s'autoriser une petite folie.

Elle s'acheta une robe bustier bleu nuit. C'était une robe qui s'arrêtait aux genoux, très élégante et qu'elle n'allait porter que pour lui. Il ne devait rentrer que vers 20 h ce soir-là. Elle prépara elle-même le dîner avec beaucoup d'attention. À 19 h 30, elle prit un bon bain, porta la robe qui épousait ses formes gracieuses tout en mettant en valeur sa généreuse poitrine, et des escarpins noirs. Elle se maquilla légèrement et laissa tomber sur ses épaules ses cheveux qu'elle avait lissés. Elle porta à son cou le premier cadeau qu'il lui avait offert : le pendentif avec leurs initiales communes. Des boucles d'oreilles serties de cristal, la montre en or qu'elle avait reçue avec la dot et la bague, cadeau de la nuit de noces, complétaient le tableau.

Lorsqu'elle se regarda dans la glace, elle fut satisfaite du résultat. Elle se parfuma et descendit au salon. Il était 20 h 10. Il était en retard, mais elle demeura patiente. Cinq minutes plus tard, elle entendit la voiture se garer. « Le moment de vérité approche », se dit-elle. Seydou entra et referma la porte. Lorsqu'il se tourna, il fut époustouflé par le spectacle qui s'offrait à ses yeux. Il ne savait pas que la beauté de sa femme atteignait ce stade.

« Bonsoir mon cœur, lui dit-elle.

– Mon Dieu ! Tu es divine ! » s'exclama-t-il.

Elle avança lentement vers lui et lui prit son porte-documents pour le poser sur la table avec une démarche très provocatrice. Comme il restait debout, elle déposa un furtif baiser sur ses lèvres et l'entraîna vers le canapé.

« Alors, je te plais, précieux ?

– Et comment ! s'exclama-t-il en venant s'asseoir auprès d'elle.

– J'ai préparé le dîner spécialement pour toi. Je veux que nous passions une très belle soirée, dit-elle d'une voix douce.

– Mais pourquoi autant d'attention, mon cœur ?

– Je t'aime. Et cela me paraît être une raison plus que suffisante.

– Je t'aime aussi. Et j'espère mériter ton amour », répondit-il en lui pressant la main avec un sourire crispé.

Elle avait déjà dressé la table. Tout était prêt pour le dîner.

« Et si nous passions à table ? dit-elle en se levant.

Il la suivit et fut surpris par la décoration.

– C'est toi qui as fait cela ? demanda-t-il.

– Mais bien sûr, en douterais-tu ?

– C'est juste que je découvre que ma femme a des talents cachés. »

Ils dînèrent dans la bonne humeur. Par moment, elle se chargeait de porter un morceau de poulet à sa bouche. Quand ils eurent fini, elle servit le jus de gingembre qu'elle avait elle-même préparé. Par la suite, ils retournèrent au salon verre à la main. Elle mit une belle chanson d'amour, puis se tourna vers lui en lui tendant la main.

« Voulez-vous m'accorder cette danse ?

– Avec plaisir Madame, répondit-il en se levant.

– Passez-vous une bonne soirée Docteur ? dit-elle en dansant au rythme de la musique.

– Et comment ! Je découvre une nouvelle madame Camara, sexy qui danse au son du jazz et qui a des goûts exotiques, dit-il d'une voix sensuelle.

– Et tu n'as encore rien vu. Je te réserve des surprises encore plus envoûtantes que tu découvriras tout au long d'une longue vie où chaque moment passé à tes côtés sera vécu comme la plus grande bénédiction divine », dit-elle d'une voix suave.

Ils se laissèrent guider par la musique. Ce fut un véritable jeu de séduction. Ils dansèrent comme s'ils étaient seuls au monde. Il promenait ses mains autour de ses courbes parfaites alors qu'elle lui caressait le cou. À la fin du morceau, leurs lèvres se joignirent passionnément. Mais elle l'arrêta avec délicatesse.

« Allons terminer nos verres, d'abord.

– Non… dit-il en resserrant son étreinte.

– Si… Ce soir c'est moi qui commande », taquina-t-elle en se dégageant.

L'instant d'après, ils étaient assis côte à côte, sirotant leurs boissons.

« Ma chérie, c'est la plus belle surprise que je n'aie jamais eue. Je passe une excellente soirée.

– Alors je suis comblée. Je voulais faire quelque chose de spécial.

– C'est réussi. Il ne reste plus qu'à terminer la soirée en beauté, dit-il en lui prenant son verre.

"C'est le moment ou jamais", se dit-elle.

– Bien entendu, trésor. Mais avant, j'aimerais que nous ayons une petite discussion, dit-elle.

– Rien de grave j'espère ! dit-il en se redressant.

– Non, rassure-toi. Tu sais, dès l'instant où nous nous sommes mariés, tu as représenté l'autre moitié de moi. Nous ne devons former plus qu'un. Pour moi, mariage veut dire complicité. Malheureusement, ces derniers temps, j'ai l'impression de perdre ce lien essentiel de notre union, dit-elle tristement.

– Non, ma chérie, ne dis pas cela. Tu es et tu resteras ma complice ! lui répondit-il avec conviction.

– Ce n'est pas l'impression que j'ai. Depuis plus d'une semaine, je te trouve distant, je sais que quelque chose te tracasse, tu es contrarié. En tant qu'épouse, je pense avoir le droit d'en connaître la cause. »

Il ne savait que faire. Il était pris au piège. Après tout, c'était le moment ou jamais de se jeter à l'eau. Il la regarda et vit une jeune femme fragile au cœur d'or, une femme qui ne méritait pas de souffrir. Elle craignait d'entendre le pire, jouant nerveusement avec sa bague.

« Je t'écoute mon cœur. Fais-moi confiance et partage tes problèmes avec moi.

Il se raidit, inspira et lança.

– En fait… Je dois partir en France pour… deux ans. Mon dossier a été accepté pour effectuer une sous-spécialisation en cancer du sein. Je ne savais pas comment te le dire.

– Je vois, répondit-elle simplement après un moment de silence.

– Désolé trésor, ce n'est pas ce que je voulais. Mais je dois penser à ma carrière. En plus… cela te permettra de te concentrer beaucoup plus sur tes études », dit-il en tentant de la convaincre.

Elle sentit une poignante douleur abstraite. Celle de perdre son mari pour deux ans. Imaginer rester seule dans sa maison lui parut insoutenable. Mais, elle se disait qu'elle n'avait pas le droit d'entraver sa carrière. Au contraire, son devoir était de l'aider à réussir dans la vie. En tant qu'épouse, elle était l'amie, la confidente, la complice, la partenaire. Et ne serait-ce qu'au nom de l'amitié et du partenariat, elle devait l'encourager même si son cœur allait en souffrir.

« Vas-y Seydou, ne te fais aucun souci. Et que Dieu t'accompagne. Mon cœur est à toi pour toujours. Mon amour pour toi a la force de résister au temps et à la distance », dit-elle en se tournant vers lui.

Il était impressionné par la force de caractère de sa femme. Il ne savait pas qu'elle avait autant de détermination et de force intérieure. Il avait beaucoup d'admiration pour cette femme si généreuse.

« Merci mon ange. Tu ne peux pas savoir combien je t'aime », dit-il en la prenant dans ses bras avec un immense soulagement.

La semaine suivante fut dure pour elle, mais elle essaya de ne rien laisser paraître. Ils se rendirent ensemble chez les deux belles-familles pour les informer du voyage. Ces dernières prièrent pour lui. Quant à la mère de Seydou, elle était certes très triste de voir son fils s'éloigner, mais elle l'était encore plus pour sa belle-fille qui allait rester seule.

« Tu sais que tu peux compter sur moi. Tu pourras venir ici ou même aller chez tes parents si tu préfères.

– Merci beaucoup, mais ça va aller. Je préfère rester dans mon foyer et attendre mon mari.

– Mais promets-moi de venir me voir plus souvent. Nous allons parler de politique, taquina-t-elle.

– Je n'y manquerai pas », dit-elle avant de prendre congé.

Le vol de Seydou était à 22 h. Ce vendredi-là était un supplice pour elle, bien qu'elle fit semblant d'être gaie. Elle l'accompagna jusqu'à l'aéroport, mais craqua au moment de la séparation. Elle ne pouvait plus retenir ces larmes qui dormaient depuis plus d'une semaine. Elle essaya quand même de lui sourire.

« Tu m'appelles dès que tu arrives, d'accord ?

Des yeux aussi magnifiques ne devraient jamais connaître les larmes », dit-il en essuyant les joues de sa femme.

Il la prit dans ses bras un moment et la serra fortement avant de se dégager à regret en lui soufflant « Je t'aime » d'une voix sourde.

Elle quitta l'aéroport d'un pas pressant. Lorsqu'elle fut à bord de la voiture qu'elle utiliserait en l'absence de Seydou, elle laissa libre cours à sa détresse. Elle se coucha sur le volant et pleura tout son saoul. Elle attendit que les larmes se tarissent pour démarrer. Bien qu'elle n'eut pas encore l'habitude de conduire, elle remarqua avec soulagement que le véhicule était facile à manier, répondant ainsi avec souplesse à ses directives. Aussi, roula-t-elle prudemment jusqu'à sa demeure.

Lorsqu'elle entra dans sa maison, elle ressentit un immense vide. Mais elle se promit de tenir le coup. Elle allait se montrer forte et se concentrer sur ses études. Sa formation allait durer deux ans. Elle se consola en se disant que dans deux ans elle terminerait ses études et ils se retrouveraient enfin. « Ce sera les grandes retrouvailles », se dit-elle.

III.

Cette nuit-là, Saly eut du mal à trouver le sommeil. Elle tourna et se retourna dans son lit qui lui sembla soudain trop grand. Le lendemain, elle se réveilla avec une terrible migraine. Elle prit de l'aspirine et se recoucha dès qu'Astou, la femme de ménage, arriva. Elle se leva à onze heures et sa migraine ne passait toujours pas. Elle ne cessait de penser à lui. Elle se disait qu'il avait sûrement déjà foulé le sol français.

Elle descendit au salon et essaya de regarder un film, mais ne parvenait pas à se concentrer. Elle se sentait malade, faible. Elle n'avait pas envie de prendre un petit déjeuner. Elle appela Astou pour la prévenir.

« Ce n'est pas la peine de cuisiner aujourd'hui. Tu trouveras de quoi te restaurer dans le frigo. Si tu veux, tu peux concocter quelque chose, mais juste pour toi.

– Cela me va. Mais vous, comment allez-vous faire ?

– Ne t'en fais pas pour moi. Je ne me sens pas très bien et je n'ai pas faim. Merci », conclut-elle avant de se lever.

Elle prit une douche, se changea et sortit. Elle avait décidé de faire un tour pour calmer ses nerfs. Elle arrêta la voiture près de la plage de la corniche ouest et sortit. Elle avait besoin de respirer l'air pur. En ce matin de décembre, il ne faisait ni chaud, ni froid. Mais un vent sec soufflait. Elle portait un pantalon large et un haut à manches longues. Sa tête était couverte d'un voile noir. Elle mit des lunettes de soleil qui protégeaient également ses yeux du vent. Elle n'avait pas conscience du charme qu'elle dégageait. Elle ne s'était pas rendu compte qu'un homme l'observait depuis qu'elle était sortie du véhicule. Elle enleva ses chaussures pour savourer les caresses du sable sur ses pieds tout en marchant le long de la plage.

Elle s'assit sur une roche et se retrouva face à la mer. De petites vagues se succédaient, le ciel était couvert de quelques nuages. L'éclat du soleil sur l'océan provoquait des milliers de petits flashs. La mer était semblable à un immense tapis diamanté. Elle observa ce spectacle et rendit grâce à Dieu. La beauté de la nature était pour elle un signe de la puissance divine. Elle se devait de rendre grâce à Dieu. Elle se dit qu'après tout elle était vivante et en bonne santé. Elle se sentait seule bien sûr, mais elle devait se ressaisir.

Elle demeura ainsi, contemplant le spectacle balnéaire pendant une demi-heure, avant de se déterminer à partir. Elle se leva d'un pas décidé et rejoignit sa voiture. Elle s'y engouffra et démarra en trombe. Elle fit un tour chez sa belle-mère qui l'accueillit à bras ouverts. Elles discutèrent un bon moment.

« Je suis sûre que tu feras une excellente politicienne, alors pourquoi ne pas adhérer à notre parti maintenant ?

– Mon Dieu ! Je ne vois pas pourquoi vous me prédisez un avenir de politicienne. Je ne me suis jamais fixé ce genre d'objectif, répondit-elle en riant.

– C'est dommage ! J'aurais aimé t'avoir à mes côtés durant les *meetings*.

– À propos, vous qui êtes au ministère de l'Environnement, qu'attendez-vous pour régler le problème de Malika ?

– De quoi s'agit-il ?

– Des navettes de camions de sable qui ne cessent d'augmenter, causant ainsi une insécurité croissante sur la route Keur Massar - Malika.

– Tu as raison. Le ministre réfléchit à la question et un nouveau site devrait remplacer Malika d'ici la fin de l'année.

– Ce n'est pas trop tôt ! Il y va de la protection de la nature. À long terme, ces opérations vont causer l'avancée de la mer.

– Tu vois que j'avais raison de dire que tu es apte à faire de la politique. Et arrête de me vouvoyer s'il te plaît.

– OK, Tata… dit-elle en riant.

Nafy entra à cet instant et la salua affectueusement.

– Salut belle-sœur. Alors, mon frère t'a appelé ?

– Pas encore et il est déjà 14 h. Il a dû être fatigué par le voyage », dit-elle en essayant de s'en convaincre elle-même.

Elle se rappela soudain avoir laissé son sac dans la voiture lorsqu'elle était à la plage. Elle se dit qu'il avait peut-être essayé de la joindre en son absence. Elle ne s'était pas trompée, son portable affichait trois appels manqués. Elle s'en voulut considérablement. Sa belle-mère qui l'observait lut sur son visage la désolation.

« Qu'est-ce que tu as ? s'enquit-elle.

– Oh ! Tout va bien. C'est juste que… il a tenté de me joindre en vain.

– Ce n'est pas grave, ma chérie. Il essaiera plus tard. Mais tu es sûre de vouloir rester seule dans cette maison ?

– Ne t'en fais pas, ça ira.

– Si tu changes d'avis, ma porte t'est ouverte.

– Merci, je suis très touchée par ta sollicitude… Je vois qu'il est déjà 14 h alors je vais prier avant de partir », dit-elle en se levant.

Après la prière elle voulut rentrer, mais sa belle-mère la retint pour le repas malgré ses protestations. Lorsqu'elle fut face au *thiéboudienne*[2], elle fut prise de nausées. Elle posa sa cuillère, se leva et courut aux toilettes. Lorsqu'elle en sortit, sa belle-mère l'attendait avec inquiétude.

« Eh bien ! Qu'est-ce que tu as ?

[2] Riz au poisson : plat sénégalais.

– Rien, Tata. C'est déjà passé. Tout va bien. Mais je crois que je vais rentrer maintenant.

– Mais, tu es sûre de pouvoir conduire ?

– Oui, merci. Je t'appelle ce soir, dit-elle en l'embrassant sur la joue.

– Prends soin de toi, ma chérie. »

Lorsqu'elle arriva chez elle, son premier réflexe fut d'appeler Khady. Elle avait besoin de parler à son amie, car elle était la seule qui la comprenne vraiment. Elles discutèrent pendant un quart d'heure. Cette dernière ne manqua pas de montrer sa désapprobation.

« Je ne crois pas que ce soit une bonne idée de rester seule dans cette maison.

– Mais je dois le faire pour prouver à tous que je suis forte et que je peux me prendre en main.

– Tu es toujours aussi orgueilleuse ! Tu ne changeras donc jamais.

– Assez parlé de moi ! Alors comment va Amadou ?

– Ah celui-là ! Il insiste dans son souhait de mariage. Il dit qu'il termine cette année, alors il propose de me rejoindre plus tard.

– Cela me paraît convenable à condition que la cérémonie religieuse se fasse avant.

– Je crois que je vais suivre ton conseil. Après tout, je n'ai rien à perdre.

– Je te souhaite bonne chance, belle-sœur. »

Cette matinée se termina sans appel de Seydou. Elle ne savait pas comment le joindre et commençait à s'inquiéter. Ce n'est que le soir vers 20 h que son portable sonna. Elle s'empressa de répondre espérant que ce serait lui.

« Saly ? entendit-elle.

– Mon amour ! J'ai attendu ton appel toute la journée. Je commençais à me faire du souci, dit-elle sur un ton de reproche.

– Mon vol a eu du retard. Mais j'ai essayé de te joindre à trois reprises.

– C'est vrai que j'ai vu les appels en absence. Je n'avais pas la possibilité de rappeler et pour cause, le numéro était masqué.

– Où étais-tu ? Pourquoi ne répondais-tu pas ?

– J'étais à la plage et j'avais oublié mon portable dans la voiture.

– À la plage ? Mais qu'est-ce que tu y faisais, bon sang ? cria-t-il.

– C'est un interrogatoire ? Mais qu'est-ce qui te prend ?

– Excuse-moi, mon cœur, excuse-moi. Mais ça me rend malade de te savoir seule !

– Je ne crois pas que ce soit le bon moment pour nous disputer. Pour ta gouverne, je suis allée à la plage parce que j'avais besoin de libérer mon esprit un moment. Alors si tu n'as pas confiance en moi, autant m'en informer tout de suite.

– Ce n'est pas ce que j'ai voulu dire. Tu sais bien que j'ai confiance en toi. Écoute, changeons de sujet, veux-tu ? J'avais vraiment envie d'entendre ta voix ! dit-il sur un ton nostalgique.

– C'est réciproque, trésor. Mais tu es bien installé, j'espère ?

– Oh ! Ça va. Ce n'est pas très luxueux, mais c'est confortable. L'idéal aurait été que tu sois à mes côtés, ma chérie.

– Je sais. Mais nous allons devoir accepter ce coup du destin. »

Ils discutèrent ainsi en toute complicité pendant un bon moment. Elle s'était maintenant faite à l'idée de vivre seule dans cette maison. Elle allait régulièrement à ses cours et ne revenait que le soir vers 18 h. Astou l'attendait toujours avant de rentrer chez elle. Elle se concentrait beaucoup sur ses études, car elle avait le désir ardent de réussir. Cependant, elle eut plus fréquemment des nausées et des palpitations. Lorsqu'elle consulta un médecin « promotionnaire » de Seydou, il confirma ses soupçons. Oui, elle était enceinte.

En effet, elle ne savait pas si elle devait éclater de joie ou se lamenter. D'un côté, c'était merveilleux d'avoir un enfant. Mais de l'autre, elle était loin de son mari qui n'était parti que depuis deux semaines. Elle ne sut si elle devait déjà lui en parler, ni qu'elle serait sa réaction. Sera-t-il content d'être père ? Elle ne saurait le dire, car ils n'avaient jamais abordé le sujet. Elle ne l'appela que le samedi suivant. Ce fut pour elle le moment de lui faire part de la nouvelle.

« Chéri, je dois t'annoncer une importante nouvelle.

– Tout va bien, j'espère.

– J'attends un enfant », dit-elle à brûle-pourpoint.

Il y eut un silence. Il ne répondit pas et elle eut les nerfs à fleur de peau.

« Allô ! Tu es toujours là ?

– Oui. Je suis juste un peu surpris.

– Alors, ça ne te fait donc pas plaisir d'être père ?

– Non, ce n'est pas ce que tu crois. C'est juste que… ça me fait mal de savoir que tu vas affronter cette épreuve toute seule.

– Oh mon cœur ! Je ne suis pas seule, voyons ! J'ai mes parents et les tiens aussi.

– Et moi dans tout ça ?

– Mais tu es le premier sur la liste bien sûr. Par contre, je me préoccupe beaucoup de mes études.

– Il va falloir que tu sois forte pour combiner les deux. Je ne veux vraiment pas que tu perdes cette année scolaire.

– Rassure-toi, je ferai tout pour que cela n'arrive pas. »

Elle se sentit soulagée. Il ne lui restait plus qu'à en parler à sa famille. Le dimanche suivant, elle se rendit chez ses parents. Sa mère fut inquiète de la savoir seule dans son état, mais elle la rassura en lui promettant d'aller chez sa belle-mère s'il y avait le moindre problème. Quant à cette dernière, elle fut très heureuse à l'idée de devenir grand-mère.

De son côté, Seydou était tout excité à l'idée de devenir père. Mais la distance qui le séparait de son épouse le rendait vulnérable. Toutefois, il se promit de tenir le coup. Il avait la chance d'avoir une femme telle que Saly et devait tout faire pour que leur union soit une réussite. Ce dont il était sûr, c'est qu'il ne lui serait pas facile de rester chaste pendant deux ans. Mais il se décida à en faire un défi personnel.

Il y a quelques années, il était loin d'être l'homme rangé qu'il est devenu. Il multipliait les conquêtes au grand dam de sa mère qui avait pratiquement perdu espoir de le voir mûrir. En outre, c'est la raison pour laquelle d'emblée elle adora Saly qui n'avait rien à voir avec les femmes trop provocantes qu'il amenait chez eux. Seydou était conscient de la stabilité qu'elle lui apportait. À présent, gagné par plus de maturité, il ne voulait pour rien au monde replonger dans la déperdition.

Durant les trois premiers mois de grossesse, Saly fut souvent malade. Elle rata ainsi quelques cours qu'elle se promit de rattraper. De plus en plus, elle délaissait l'université au profit de sa formation professionnelle. Son mari l'appelait presque tous les jours ou c'est elle qui le faisait quand elle se sentait un peu seule. Quant à Khady, elle était devenue madame Dia. Saly ne manqua pas de la taquiner le jour de son mariage lorsqu'elle l'appela.

« Alors, qu'est-ce que ça te fait de devenir Khady Dia ?

– Ça me fait tout drôle de l'entendre. Mais j'en suis tellement ravie, si tu savais.

– Je le sais, tu peux me croire. Mais quand allez-vous vous retrouver ?

– En novembre probablement. À propos, j'ai eu ton mari au téléphone hier et il est très préoccupé.

– Ah oui, mais de quoi ?

– Tu le sais bien ! De te savoir seule alors que tu es enceinte !

– Je me suis habituée à la solitude. Rassurez-vous, je prends soin de moi.

– Tu as intérêt ! N'oublie pas que tu vas être mère.

– Comment oublier ce petit être qui vit en moi depuis trois mois ? Ce petit être que j'aime déjà tellement ! dit-elle en mettant la main sur son ventre. »

Elle commençait à sentir son corps se déformer et priait pour que son ventre ne soit pas trop visible. Elle allait régulièrement à ses visites prénatales. Elle fut très occupée à partir de cet instant. Entre les cours et le suivi médical, elle ne savait plus où donner de la tête. Elle était parfois très nerveuse. Elle le fut davantage le jour où sa voiture tomba en panne alors qu'elle rentrait chez elle. Le comble fut que ce n'était qu'une panne d'essence. Elle avait tout simplement oublié de vérifier le tableau de bord. Elle réussit presque à se ranger sur le côté. Puis, elle sortit de la voiture et s'y adossa avec lassitude.

« Calme-toi Saly, calme-toi. Ce n'est pas bon pour le bébé, monologua-t-elle en fermant les yeux.

– Je peux vous aider ? »

Elle ouvrit les yeux dans un sursaut et se retrouva face à un inconnu. C'était un homme aux cheveux poivre et sel, le teint clair, grand, avec une allure mystérieuse accentuée par ses lunettes de soleil. Il était vêtu d'une chemise bleu ciel dont les manches relevées laissaient apparaître une montre en cuir marron, et d'un pantalon bleu foncé.

« Non, merci.

– Vous avez retardé toute une file de voitures, alors laissez-moi jeter un coup d'œil.

– Merci de vous en préoccuper, mais je sais déjà où se trouve le problème. C'est juste une panne de carburant. Je saurai me débrouiller. Merci d'avoir proposé votre aide.

– Essence ou diesel ?

– Essence, répondit-elle.

– Apparemment, je dois vous aider. Je garde toujours une gourde d'essence en réserve dans ma voiture. Je vous l'apporte. »

Il s'éloigna avant qu'elle n'ait dit un mot. Elle n'aimait pas la situation qu'elle était en train de vivre. Étant mariée, elle savait qu'elle devait faire très attention, d'autant plus que son époux était absent. Il revint quelques instants plus tard, gourde à la main, et s'attela à la tâche sans un regard pour elle.

« C'est très gentil de votre part. En plus, je vous fais perdre votre temps, dit-elle.

– C'est normal. Un autre aurait fait pareil pour ma sœur… ou ma femme. Voilà ! Faites un essai pour voir. »

Elle se mit à l'œuvre et entendit le moteur dans toute sa puissance. Elle sortit de la voiture après avoir pris un billet de dix mille francs.

« Merci pour tout. Tenez, je ne sais pas si cela couvrira le carburant, mais…

– Je ne l'ai pas fait pour l'argent Madame.

– Je sais. Je voulais juste vous rembourser le montant du carburant.

– Ce n'est pas nécessaire. Ce fut un plaisir de vous aider. Mon nom est Pape Diop.

– Enchantée. Moi c'est Madame Camara. Alors, au revoir Monsieur Diop.

– À la prochaine. »

Il entra dans une voiture noire et s'éloigna. Quant à Saly, elle rentra chez elle épuisée, mais un peu intriguée par cet inconnu.

Les soirs, elle passait des heures à revoir ses cours, car elle avait la ferme volonté de réussir. Mais à partir du sixième mois de grossesse, la fatigue commençait à se faire sentir. C'était en juin et les examens approchaient. Aussi prit-elle son courage à deux mains pour réviser ses cours. Ses efforts ne furent pas vains. Elle fut finalement admise.

Elle se promit de se réserver trois mois de vacances. Elle décida de se réinscrire en Master 2 avec l'espoir de présenter un bon mémoire. La direction de son école l'informa alors qu'elle était retenue pour effectuer un stage de huit mois dans une grande entreprise du nom de SAPHIRRA. Toutefois, elle leur indiqua qu'elle ne pourrait débuter que dans trois mois compte tenu de son état.

Ce fut l'occasion de profiter d'un repos bien mérité. Son ventre avait grossi et elle se sentait un peu lourde. C'est en juillet que son mari fut plus que jamais inquiet de son état. Il manifesta ses craintes au téléphone.

« Rester seule alors que tu es enceinte de plus de sept mois me semble ridicule !

– Ah, encore cette histoire ! Et qu'est-ce que tu proposes ? dit-elle avec lassitude.

– Je m'adresse à toi en ma qualité d'époux Saly. Je veux que tu ailles chez mes parents, au moins jusqu'à l'accouchement. Après nous verrons. Par respect pour moi, tu dois faire ce que je te demande, dit-il avec une fermeté qui ébranla Saly.

– Ce n'est pas nécessaire de le prendre sur ce ton.

– J'insiste vraiment. C'est très sérieux.

– Très bien, comme tu voudras. Je vais en parler à ta mère.

– Elle est déjà d'accord. Je suis certain que c'est mieux.

– Tu as peut-être raison. Mais dis-moi, tu ne regardes pas les filles j'espère ?

– Bien sûr que si.

– Comment !? Tu veux que j'aie une attaque ou quoi ?

– Aucune ne m'intéresse, rassure-toi. Je t'aime juste toi. Tu es la femme de ma vie et je n'ai pas besoin d'une autre, rétorqua-t-il en riant.

– Oh mon cœur ! Tu es vraiment adorable. Je suis une femme très jalouse tu sais, et possessive en plus !

– Mais c'est très bien, cela montre que tu tiens à moi. Il faut que je te laisse, mon cœur.

– Très bien. Prends soin de toi.

– Je t'embrasse, conclut-il avant de raccrocher. »

Il posa le combiné sur la table et s'adossa au sofa en demeurant pensif. En effet, il gérait difficilement la solitude. Bien qu'ils n'aient vécu ensemble que pendant deux mois, Seydou s'était habitué à la présence de Saly. Il était souvent nostalgique des moments passés avec elle. En terre étrangère, il s'évertuait à rester le plus loin possible de la tentation. Ainsi, il se donnait à corps perdu au travail pour éviter toute idée obscure. Il déclinait très souvent les invitations de ses collègues à aller en boîte ou à une quelconque sortie.

Pourtant, les occasions de se laisser aller ne manquèrent guère. Une femme médecin avec qui il travaillait parfois lui avait fait des avances ouvertement. Il avait rétorqué qu'il était marié et heureux en couple. Mais, il sentait qu'il baissait la garde peu à peu. Non pas parce qu'il était revenu sur sa décision de chasteté, mais parce qu'il n'était pas de nature casanière. Il se sentait étouffé à force de se retrancher chez lui. Aussi, se décida-t-il à sortir de temps en temps.

Loin d'imaginer la bataille interne que menait Seydou en terre française, Saly emménagea chez sa belle-mère qui fut très contente de la recevoir. Elle avait fermé toutes les portes de sa maison à regret. Toutefois, elle convainquit Astou de venir un dimanche sur deux pour faire le grand ménage. Saly était une adepte de l'entretien. Tous les week-ends, elle s'arrangeait pour laisser la voiture à la station-service qui se chargeait de toutes les vérifications d'usage. Ne connaissant rien à la mécanique, elle s'appliquait à éviter de tomber en panne et surtout d'utiliser le véhicule que son mari lui avait laissé en très bon état.

Vivre chez ses beaux-parents fut très agréable pour elle. Cela lui permit de voir plus souvent son beau-père qui était un homme très occupé. Quant à sa belle-mère, elle rentrait du travail épuisée, bien qu'elle soit une femme active. Saly adorait faire la cuisine. Aussi, proposa-t-elle de s'en occuper le temps qu'elle vivrait dans cette maison, malgré les protestations de la maîtresse de maison.

« Dans ton état, cela va t'épuiser.

– Mais non voyons ! Au contraire, je ne veux pas rester oisive toute la journée. En plus, je ne voudrais pas que mon bébé soit paresseux.

– Quelle idée ! C'est d'accord, mais Amy va t'assister, rétorqua-t-elle en riant.

– Comme tu voudras. »

Elle se chargeait ainsi de préparer le déjeuner ou le dîner. Elle s'activait à la tâche de bon cœur. Ses talents culinaires furent appréciés par toute la famille. Son beau-père ne manqua pas de souligner son approbation : « Mon fils a bien su choisir sa femme. Belle, intelligente et cordon bleu en plus. »

Cela faisait un mois qu'elle n'avait pas vu sa mère. Elle décida donc de lui rendre visite. Mais quand elle en parla à sa belle-mère, elle décela sa désapprobation.

« Conduire jusqu'à Keur Massar dans ton état ne serait pas prudent.

– Je me sens bien. En plus, je rentrerai très tôt, je le promets. Je peux prendre un taxi, si tu préfères.

– Écoute ! Je comprends que tu veuilles revoir ta famille, mais je crois que ce n'est pas le bon moment.

– Et ce sera quand le bon moment, selon toi ? demanda-t-elle avec une pointe d'irritation.

– Bon ! J'ai une idée. Si tu veux bien attendre jusqu'à demain, je pourrai t'y emmener. Cela me permettra de revoir ta mère.

– C'est vrai ? Tu es la plus merveilleuse belle-mère que je connaisse ! dit-elle en l'embrassant joyeusement.

– Tu sais, je te considère comme ma propre fille. Tout ce que je veux c'est ton bonheur et celui de mon fils. Alors, tu peux m'appeler maman, si cela ne te gêne pas, bien sûr.

– Au contraire, j'en serais très heureuse… maman, répondit-elle avec un sourire. »

Le lendemain, maman Awa était au volant de sa voiture qui roulait vers Keur Massar en compagnie de sa belle-fille. La mère de cette dernière fut très contente de les recevoir. Cela prouvait au moins que sa fille avait de bonnes relations avec sa belle-famille. Cette journée se passa très bien. Saly fut très heureuse de voir les deux dames discuter et rire avec complicité. Elle ne manqua pas de taquiner ses frères au sujet de leurs copines. Malheureusement, son père était absent. Ce n'est que vers 17 h que maman Awa donna le signal du départ. Elles rentrèrent ainsi très satisfaites de leur journée.

« Merci pour tout maman, dit-elle une fois qu'elles furent arrivées.

– Ce fut un plaisir pour moi. »

Elle entra dans sa chambre et réalisa combien elle avait la chance d'avoir une belle-famille aussi compréhensive. Ses pensées se tournèrent aussitôt vers son mari. Que faisait-il en cet instant ? Était-il à l'hôpital ? S'amusait-il ? Ce sont des questions auxquelles elle n'aurait jamais de réponse. Mais elle avait confiance en lui. Elle se consola en se disant qu'il ne restait qu'un peu plus d'un an.

« Et l'accouchement alors ? », se disait-elle. Rien que d'y penser, elle devenait nerveuse et pour cause, c'était sa première grossesse. Elle s'exhorta au calme, se disant qu'il restait encore un mois. Mais plus le temps passait, plus elle devenait angoissée. Sa belle-mère remarqua son anxiété et essaya de la calmer.

Saly était pieuse, aussi pria-t-elle pour un accouchement sans problème. Elle était au terme de sa grossesse et reçut beaucoup plus souvent des coups de fil de son mari. Le jour tant attendu, elle mit au monde un garçon par césarienne après deux longues heures d'agonie. Seydou en fut très heureux, mais s'inquiéta de l'état de santé de sa femme.

« Mon amour, tu vas bien ? Tu n'es pas trop fatiguée ?

– La douleur s'est estompée à la vue de notre enfant. Il est tellement beau !

– Comme son père !

– Oui, je te l'accorde. C'est ton portrait, dit-elle en souriant.

– Je suis fier de toi ma puce. Je m'en veux beaucoup d'être absent en des moments si importants.

– Ce n'est pas grave, mon cœur », dit-elle pour le rassurer.

Ses parents furent très émus à la vue de leur premier petit-fils. Elle était mère. Ce bébé qu'elle tenait dans ses bras, qu'elle caressait et allaitait était bel et bien le sien. Elle voulait l'éduquer, le protéger et le guider dans cette vie pleine de tentations. Du fond de son cœur, elle espérait être à la hauteur de toutes ces tâches et comptait sur le soutien moral et physique de son mari.

Mais celui-ci, absent pendant toute la durée de la grossesse et le jour de la naissance, le sera encore durant la première année de la vie de son enfant. Elle ne voulait pas le lui reprocher, mais ne pouvait s'empêcher de lui en vouloir en son for intérieur. Elle se consolait en se disant que son cœur était avec eux bien qu'il soit loin.

La cérémonie du baptême se déroula une semaine après l'accouchement dans l'intimité. Elle était encore à la clinique où, avec l'aimable personnel et le cadre charmant, les représentants des deux familles y furent parfaitement à leur aise pour ladite cérémonie, sans pour autant déranger les autres pensionnaires. Le bébé porterait le nom de Lamine. Quand Seydou prit cette décision, elle en fut très heureuse. C'est un prénom qu'elle aimait beaucoup parce qu'étant l'un des multiples noms du Prophète Mohamed (PSL).

Ce n'est que le lendemain qu'elle quitta la clinique. Khady l'appela ce jour-là et lui apprit que son mari l'avait rejoint.

Elle était en lune de miel. Saly était contente pour elle et se surprit à penser à sa nuit de noces. Elle devint soudain très nostalgique. Elle demeura pensive en regardant son bébé qui dormait dans ses bras. Elle hésitait entre retourner chez elle ou rester chez sa belle-mère jusqu'au retour de son mari. Ses beaux-parents insistèrent tellement qu'elle finit par décider de rester au Point E. En outre, elle pensait déjà au moment où elle allait être obligée de laisser son bébé à la maison toute la journée. Ses beaux-parents au travail et sa belle-sœur à l'école, elle se demandait qui pourrait s'en occuper. Mais maman Awa la rassura :

« Ne t'en fais pas, je trouverai quelqu'un.

– Je crois que j'ai une solution. Que dirais-tu si je demandais à Astou de venir ? C'est la fille qui travaillait pour moi.

– Je ne sais pas. Elle habite bien loin, je pense.

– Oui, mais elle pourrait passer la nuit ici et rentrer les week-ends si tu es d'accord, bien sûr. Je la connais bien et j'ai confiance en elle.

– Dans ce cas, c'est réglé. Je n'y vois pas d'inconvénient. »

Maman Awa insista pour prendre en charge la paie, malgré les contestations de Saly.

« Mais non maman. Je peux la payer.

– J'insiste. C'est ma participation en tant que grand-mère et je n'y reviendrai pas.

– Merci vraiment. Si toutes les belles-mères étaient comme toi, les ménages dureraient éternellement.

– Merci ma fille. C'est normal. Je te suis reconnaissante d'avoir accepté de rester ici. Je sais que ta maison doit te manquer.

– Oui, elle me manque, ainsi que les moments passés avec Seydou… excuse-moi, mais je suis parfois nostalgique !

– Je sais, ma chérie. Courage, il reste peu de temps », dit maman Awa en lui tapotant l'épaule.

En octobre, elle débuta son stage, laissant derrière elle un bébé d'un mois. Elle se levait de bonne heure comme toujours et allaitait Lamine après la prière avant de partir. Elle se chargeait de déposer Nafy puisque son lycée était sur son chemin. En classe de première S, cette dernière avait un emploi du temps très chargé. Elle ne rentrait que vers 18 h. Elle avait de très bons rapports avec Saly envers qui elle était très respectueuse.

Cette dernière rentrait entre 16 et 17 h. Avec une demi-heure de route, elle arrivait chez elle presque en même temps que sa belle-mère. Elle fut très bien accueillie dans son lieu de travail. Bien qu'elle ne s'y attende pas, la direction de SAPHIRRA décida de lui octroyer un salaire. Généralement, les stages ne sont pas rémunérés. Elle avait accepté pour renforcer son *curriculum vitae*, mais finalement elle se plaisait bien dans cette boîte.

Quelques jours après avoir débuté, son chef de stage, M. Ndiaye, fit avec elle le tour des bureaux pour la présenter au personnel qui se montra aimable dans l'ensemble. Le seul qu'elle n'avait pu rencontrer fut le PDG de l'entreprise. Ndiaye lui indiqua que ce dernier était souvent très occupé et parfois absent du territoire et lui promit qu'elle le rencontrerait le moment venu. De son côté, elle n'en faisait pas une priorité. À dire vrai, cela lui était bien égal. Le plus important pour elle était de faire ses preuves afin d'avoir une bonne appréciation de son chef de stage et de présenter un mémoire pertinent.

Par ailleurs, elle vivait les joies de la maternité et partageait souvent ces moments avec Seydou. Elle correspondait avec lui par Internet et par téléphone. Ils étaient en contact presque en permanence. Il ne parlait maintenant que de son fils et elle le lui fit remarquer.

« Je vais finir par être jalouse à ce rythme.

– Tu es folle ?

– Oui. Folle de toi.

– J'en suis flatté. Mais je ne suis nullement surpris. Je connais mes compétences en matière de femme.

– Quel macho ! Tu n'es quand même pas en train d'user de tes supposées compétences ?

– Je ne vais pas tomber dans ton piège, princesse. Je suis très sage. Les photos que tu m'as envoyées sont très belles. La maternité te va bien. Que fait-il actuellement ?

– Il dort dans mes bras.

– Embrasse-le de ma part. Ma chérie, tu veux bien me passer ma mère si elle n'est pas loin.

– Bien sûr. Je vais voir si elle est là. »

Elle se dirigea vers la chambre de sa belle-mère et frappa avant d'entrer sur l'autorisation de celle-ci.

« Ah ! Tu es venue m'amener mon petit-fils ? dit maman Awa en la voyant avec son bébé.

– Plutôt ton fils, répondit-elle en lui tendant le combiné.

– Merci ma chérie. »

Elle sortit sur la pointe des pieds, laissant Seydou discuter avec sa mère en toute intimité.

Elle décida de rendre visite à ses parents le samedi suivant. Elle passa la journée à Keur Massar. Sa mère fut très contente de voir son petit-fils et en profita pour la conseiller sur son ménage.

« Sois très respectueuse envers tes beaux-parents. Considère Awa comme ta propre mère et Tapha comme ton père.

– Ne t'en fais pas maman. Maman Awa est une femme adorable. Quant à mon beau-père, je ne le vois presque pas, car il est très occupé.

– Comment cela Saly ? Ne me dis pas que tu as eu un différend avec lui !

– Bien sûr que non. Ce que je veux dire, c'est que je ne le vois presque pas puisqu'il est constamment en voyage d'affaires. Mais il est aussi adorable que son épouse.

– C'est rassurant. Ne fais rien sans l'accord de ta belle-mère. Entends-toi bien avec ta belle-sœur.

– J'ai compris maman. Sois tranquille, je suivrai tes conseils.

– Mais comment t'en sors-tu avec ton stage et le bébé ?

– Comme tu peux imaginer, je manque de sommeil. Je me lève souvent au milieu de la nuit pour allaiter Lamine. Je suis obligée de profiter parfois de ses heures de sommeil pour la rédaction de mon mémoire.

– Il te faudra beaucoup de courage pour devenir une bonne mère et réussir tes études.

– Prie pour moi, maman. »

Sur le chemin du retour, elle réfléchit à la discussion qu'elle avait eue avec sa mère. Elle se rendit compte que cette dernière n'avait pas une seule fois fait allusion à Seydou. Son absence l'aurait-elle placé hors circuit ? Elle ne le pensait pas. Malgré la distance qui les séparait, elle le respectait toujours autant.

La semaine suivante débuta en force pour ce dernier qui sentait la fatigue le gagner après une journée bien remplie. Mais il se promit de tenir le coup en voyant qu'il ne restait qu'une personne sur la liste des patients. Il s'autorisa quand même une bonne tasse de café avant de s'adresser à sa secrétaire par l'interphone : « Estelle, faites entrer la dernière patiente s'il vous plaît. »

Quelques instants plus tard, la porte s'ouvrit sur une beauté défiant toute imagination. La peau couleur miel clair, les cheveux frisés, le visage parfait avec ses lèvres bien dessinées mettaient cette créature au-delà de toute compétition. Elle portait une paire de *jeans* qui épousaient ses formes gracieuses et un chemisier noir près du corps. Une écharpe bleu ciel cachait son cou. Seydou était littéralement hypnotisé, incapable de détacher son regard.

« Bonjour Docteur, lança-t-elle d'une voix fine en s'arrêtant timidement au milieu de la pièce.

– Bonjour, balbutia-t-il en reprenant ses esprits avant de se lever en signe de respect. Puis il ajouta, asseyez-vous, je vous prie. »

Elle s'exécuta avec un sourire crispé, alors que Seydou s'appliquait à paraître détaché en baissant les yeux sur la fiche de la patiente.

« Madame Aïcha Traoré… Qu'est-ce qui ne va pas ? demanda-t-il en la regardant.

– Euh… en fait, je suis venue vous voir de mon propre chef. Depuis un peu plus d'une semaine, je ressens une douleur au niveau du sein gauche… et j'ai peur, car ma mère est morte d'un cancer du sein. Vous comprenez, je sais que cette maladie peut être héréditaire. Alors, j'ai préféré voir directement un spécialiste.

– D'accord. Nous allons voir cela de plus près si vous le voulez bien. Veuillez vous installer sur la table de consultation, s'il vous plaît. »

Elle se leva et déposa son sac sur le siège, avant de regagner ladite table sur laquelle elle s'assit tête baissée. Seydou s'attarda un moment, le temps de reprendre son masque impassible avant de la rejoindre. Il remarqua qu'elle s'était contentée de s'asseoir sans enlever sa chemise.

« Madame Traoré, je vais devoir faire une petite vérification au niveau des seins pour déceler d'éventuelles anomalies. Mais auparavant, je vais prendre votre tension ainsi que votre rythme cardiaque. Vous comprenez ? dit-il sur un ton professionnel.

– Bien entendu, répondit-elle en hochant la tête.

– OK. Veuillez retirer votre chemise, s'il vous plaît », dit-il en enfilant ses gants.

Elle enleva l'écharpe soyeuse avant de déboutonner la chemise avec délicatesse, laissant à nu le soutien-gorge en dentelle blanche. Malgré la mine détachée qu'il affichait, Seydou était en proie à une excitation croissante. C'était la première fois qu'une patiente le mettait dans un tel état. Il s'efforça cependant à masquer son trouble en faisant la consultation le plus sérieusement possible. Pour couper court à ses pensées et détendre l'atmosphère, il entreprit la conversation.

« Malienne ou Sénégalaise ?

– Malienne par mon père. Et vous ?

– Sénégalais. Mais vous savez, c'est à peu près le même peuple. Essayez de tousser s'il vous plaît », dit-il, stéthoscope aux oreilles.

Elle s'exécuta en remettant ses boucles brunes derrière l'oreille. Leurs regards se croisèrent un instant et chacun s'empressa de détourner les yeux.

« Bien. Maintenant je vais faire un toucher mammaire. Si vous voulez bien enlever votre soutien-gorge et vous allonger s'il vous plaît », dit-il d'une voix détachée.

Elle s'exécuta sans un mot. Il fit de son mieux pour se concentrer sur sa consultation en continuant la discussion.

« Et votre mère ? Elle était française ?

– Oui… Elle était tout pour moi. Je l'ai vu souffrir et je me sentais impuissante… je ne veux pas finir comme ça, dit-elle d'une voix brisée par l'émotion.

– Du calme ! dit Seydou d'une voix douce avant d'ajouter : tout va bien. Ne pleurez pas, s'il vous plaît. Rhabillez-vous et venez vous asseoir, nous allons en parler.

Elle hocha la tête et se releva. Il la précéda et s'installa derrière son bureau. Quelques instants plus tard, elle s'asseyait devant lui en s'essuyant une larme.

– Excusez-moi, Docteur. Désolée.

– Madame Traoré, il n'y a aucune raison pour que vous vous mettiez dans un tel état. Tout me semble normal, mais pour vous rassurer davantage, je vais vous demander d'effectuer une série d'analyses à l'issue desquelles nous verrons s'il y a de quoi s'inquiéter. Je vous prescris également des calmants, d'accord ?

– OK. » dit-elle, tête baissée.

Comme à son habitude, Seydou était très sensible aux larmes d'une femme. Aussi, malgré la prudence que lui dictait sa raison, il céda à l'élan de compassion qui le gagnait pour cette patiente. Il lui tendit un mouchoir qu'elle accepta avec un sourire crispé.

« Merci. Je ne sais pas ce qui m'arrive. En général, je suis moins émotive. Mais ces temps-ci, je n'ai pas été gâtée par les évènements, dit-elle en se mouchant.

– Est-ce que cela a quelque chose à voir avec les bleus que j'ai remarqués sur votre corps ? s'enquit Seydou après un moment d'hésitation.

– Je ne veux pas en parler, dit-elle dans un sursaut d'affolement en se levant.

– S'il vous plaît, calmez-vous. Faites-moi confiance, Madame Traoré. Je peux vous aider. Nous allons prévenir la police…

– Non ! coupa-t-elle en le fixant.

– OK ! Mais, asseyez-vous, s'il vous plaît.

– Promettez-moi de ne rien faire et surtout de ne pas en parler. Lui et moi, c'est fini… Nous avons définitivement rompu, dit-elle.

– Très bien, c'est comme vous voudrez. Je veux juste que vous sachiez que vous pouvez compter sur moi », dit-il en plongeant les yeux dans les siens.

Elle soutint son regard pendant un instant qui parut une éternité dans un silence parfait, puis baissa les yeux en prenant place sur la chaise.

« Merci, vous êtes un type bien. Un autre ne se serait même pas attardé sur mon sort. Vous avez agi comme l'ami que je n'ai jamais eu, dit-elle sur un ton attendri avant de se lever à nouveau.

– Alors, considérez que vous avez mon amitié à partir d'aujourd'hui », s'entendit-il dire en faisant le tour du bureau.

Il la raccompagna et ils s'arrêtèrent sur le pas de la porte. Elle lui fit face en le fixant de ses beaux yeux marron, ce qui le troubla énormément.

« C'est toujours réconfortant d'avoir une épaule sur laquelle pleurer. Merci.

– On se revoit quand vous aurez les résultats des analyses », répondit-il avec un sourire en ouvrant la porte.

Une fois seul, il eut du mal à ôter cette femme de ses pensées. Puis, dans un sursaut de lucidité, il se reprocha de se laisser aller ainsi. « Qu'est-ce que je suis en train de faire, mon Dieu ! », dit-il en se prenant la tête.

Loin d'imaginer ce qui se tramait à l'autre bout du monde, Saly menait une vie calme partagée entre son fils, ses études et son stage. Ce n'est qu'après deux mois de service qu'elle rencontra le directeur général de SAPHIRRA. Il avait à peu près la quarantaine et fut très aimable avec elle. Elle garda une bonne image de cet homme qui lui semblait un peu familier. Par la suite, il faisait souvent appel à elle dans le cadre du travail. Lui, qui paraissait si inaccessible au début parce que trop occupé était finalement devenu un interlocuteur de tous les jours.

Au bout d'un certain temps, la direction de l'école de Saly décida que les stages ne se dérouleraient que la matinée, les après-midi étant réservés aux cours théoriques. Plus les mois passaient, plus les études s'intensifiaient. Saly fut très occupée à l'approche des examens. Elle s'était fixé l'objectif de réussir. À neuf mois, son fils lui laissait plus de temps libre. Elle se jeta donc à corps perdu dans le travail. Sa belle-mère l'encourageait et s'occupait de son petit-fils plus souvent afin de la laisser travailler.

Malgré le stress qui l'habitait, elle s'en sortit. Elle soutint un bon mémoire qui fut sanctionné de la mention « bien ». Plus qu'elle espérait. Elle rendit grâce à Dieu qui lui avait fait ce cadeau. Par la suite, son employeur lui proposa un contrat d'un an à compter du mois d'octobre. Elle avait donc deux mois de vacances devant elle. Elle se promit de s'occuper beaucoup plus de son enfant.

Bien que pluvieux, juillet fut particulièrement chaud. Nafy, qui allait constamment à la plage, emmenait parfois Lamine. Saly marquait son accord, non sans la mettre en garde dans un élan de protection maternelle : « Qu'il ne s'approche pas de l'eau, Nafy. Ce n'est encore qu'un bébé. »

En outre, elle aidait à la cuisine et préparait elle-même tout ce que son bébé mangeait. Astou, qui ne se sentait plus vraiment utile, sollicita un congé de trois semaines pour rendre visite à sa famille restée au village. Saly n'y vit aucun inconvénient, mais sa belle-mère en fut un peu surprise.

« Tu es sûre d'avoir pris la bonne décision ? demanda-t-elle.

– Oui. Ça ira. Je me rendrai utile puisque je suis en vacances.

– Tu as raison. C'est bien, Saly. Je constate que tu es plus dynamique que je ne le pensais. En parlant de congé, je vais prendre un mois de repos.

– C'est génial ! Je te verrai plus souvent alors. »

La maison devint dès lors très animée. Une ambiance familiale hors du commun y régnait. Nafy sortait moins. Et le plus surprenant fut la présence du beau-père de Saly tous les jours à l'heure du déjeuner. Il ne manquait plus que Seydou pour que le bonheur soit complet. Elle trouva dommage que cette ambiance ne dure qu'un mois. Lorsque sa belle-mère reprit le travail, tout redevint comme avant.

De son côté, elle était encore en vacances pour quelques semaines. Elle sortait parfois avec Lamine pour se changer les idées comme ce fut le cas ce jour-là, où elle croisa son patron à la station-service. Elle faisait des courses dans la supérette, le temps que sa voiture soit lavée.

« Madame Camara, les vacances vous vont à ravir ! lança-t-il.

– Monsieur Diop ! Quelle surprise ! dit-elle en se retournant.

– C'est qui ce beau bonhomme ?

– Mon fils, Lamine… reste tranquille bébé ! dit-elle à l'attention du gamin qui s'agitait.

– Laissez. C'est un garçon et je vois qu'il a du Peps, dit-il en le prenant dans ses bras avant d'ajouter : dis-moi Lamine, est-ce que tu voudrais du chocolat ? »

Le gamin hocha la tête en signe d'acquiescement. Par la suite, il se dirigea vers le rayon des chocolats et demanda au garçon de prendre celui qu'il voulait. Ce dernier, encore trop jeune pour pouvoir faire des choix, prit le premier qui lui tomba sous les yeux. Quant à Saly, elle était au comptoir, réglant la note. Quelques instants plus tard, monsieur Diop revint en disant avec un air décontracté :

« Le chocolat, c'est moi qui l'offre.

– Merci. C'est gentil.

– J'espère que vous serez bientôt des nôtres. Vous êtes au courant de votre contrat ?

– Bien entendu. Je profite de cette occasion pour vous exprimer ma gratitude pour votre confiance, dit-elle en s'apprêtant à sortir.

– Vous le méritez. Je vois qu'il est l'heure du déjeuner. Voulez-vous vous joindre à moi ? J'en profiterai pour faire plus ample connaissance avec le petit Lamine, dit-il avec un regard insistant.

– Merci, mais ma famille m'attend. Bonne journée, répondit-elle fermement.

– Bien sûr. Au plaisir, Madame », dit-il en lui cédant le passage.

Bien qu'elle le trouve gentil, Saly n'aimait pas la façon dont cet homme la déshabillait du regard. De surcroît, cette invitation à déjeuner lui sembla quelque peu déplacée. Cependant, elle ne s'attarda pas à ces réflexions, préférant croire qu'il n'y avait pas de quoi s'alarmer. Ses pensées étaient plutôt orientées vers son mari.

En effet, les appels de ce dernier se raréfiaient et elle-même avait du mal à le joindre. Elle se dit sans doute que c'était parce qu'il était trop occupé. Mais lorsque le silence dura deux semaines, elle se décida à l'appeler de nouveau. Il décrocha à la cinquième sonnerie.

« Allô !

– Salut.

– Saly !?

– Je pensais que tu ne reconnaîtrais pas ma voix.

– Mais qu'est-ce que tu racontes ? Chérie, désolé de n'avoir pas appelé ces temps-ci.

– Y aurait-il une raison particulière à ce changement ? demanda-t-elle sur un ton glacial.

– Bien sûr que non ! J'étais juste très occupé à l'hôpital.

– Si ce n'est que cela ! Je ne vais pas te déranger plus longtemps. Je ne voudrais pas abuser de ton temps si précieux ! dit-elle sur avec une pointe de cynisme.

– Je t'en prie Saly ! Ne le prends pas sur ce ton.

– Avant de te quitter, je te rappelle que ton fils, celui que nous avons eu ensemble, aura un an dans deux jours. Salut ! »

Sur ce, elle raccrocha. Elle posa le téléphone sur la table et demeura pensive. « Y aurait-il une autre femme dans sa vie ? » Cette question la torturait intérieurement. Elle avait constaté qu'il n'était plus aussi attentionné qu'avant. Après tout, cela faisait presque deux ans qu'ils ne s'étaient pas vus. Sa confiance en lui avait été ébranlée. Et cela lui faisait mal au plus haut point. En début de soirée, sa belle-mère l'interpella.

« Mon fils m'a appelée pour me faire part de votre… bisbille », dit-elle de but en blanc.

Elle baissa les yeux, honteuse.

« Ma chérie, je ne t'ai pas appelée pour te blâmer. Bien au contraire, je trouve que c'est bien que tu exprimes ton désaccord. Mais je te demande seulement de l'écouter. Ne laissez pas la distance se mettre entre vous.

– Je ne voulais pas m'emporter, mais ce fut plus fort que moi. Je te promets de m'excuser auprès de lui.

– Je ne te demande pas de t'excuser. Je sais qu'il a tort. Tout ce que je veux, c'est que tu lui laisses le temps de s'expliquer.

– Très bien. Sois tranquille, je ferai comme tu voudras.

– Merci ma chérie. Merci de la considération que tu as envers moi », dit sa belle-mère en la prenant dans ses bras un moment avant de sortir.

Il n'appela Saly que deux jours plus tard, à l'anniversaire de Lamine.

« Salut chérie. Tu vas bien ?

– Très bien, merci, dit-elle froidement.

– Alors, tu t'es calmée ?

– Écoute, je suis navrée pour l'autre jour…

– Non, c'est à moi de m'excuser. Mon cœur, je suis fier d'avoir une épouse telle que toi. Tu es une femme superbe qui mérite le bonheur. Je reconnais t'avoir négligée depuis quelque temps.

– Ce n'était qu'un léger malentendu, du moins je l'espère. Je voudrais quand même te demander s'il y aurait un quelconque changement entre nous.

– Bien sûr que non. Je tiens à toi comme au premier jour.

– OK. Alors je propose qu'on passe l'éponge. Mais je n'aimerais pas que cette situation se répète. Il m'est difficile d'admettre que je sois là à t'attendre patiemment pendant que monsieur est trop occupé pour me passer un coup de fil de temps en temps !

– Bien sûr… désolé… Alors, comment va mon fils ? répondit-il en s'empressant de changer de sujet.

– Il est en train de jouer avec sa grand-mère.

– Tu veux bien lui passer le téléphone ?

– Bien entendu. Mais cela m'étonnerait beaucoup qu'il dise autre chose que maman », dit-elle en pénétrant dans la chambre de maman Awa après avoir frappé à la porte.

Elle posa le combiné sur l'oreille de son fils qui n'arrêtait pas de gesticuler.

« Allez Lamine, dis quelque chose à papa. »

À sa grande surprise, au lieu de dire maman, il commença à dire « papa » en sautillant de joie.

Les yeux agrandis de surprise, elle se tourna vers sa belle-mère qui éclata de rire.

« Tu as vu ça ? »

Elle reprit le téléphone et entendit son mari qui riait.

« Bravo. Tu es très fort. Je ne sais pas comment tu t'y es pris, mais ce fut très efficace, dit-elle.

– Tu avais tout simplement sous-estimé mes talents.

– Tu as sans doute raison, répondit-elle.

– Mon cœur… quoi qu'il puisse arriver, n'oublie pas que je t'aime. Que tu es la femme de ma vie !

– Merci de me le rappeler. J'avoue que ces temps-ci, je ne sais plus où j'en suis. »

Elle reprit ainsi confiance en elle et se sentit beaucoup mieux. Khady l'appela le même jour pour souhaiter un joyeux anniversaire à son neveu.

Les jours passèrent très vite pour elle. Elle commença à travailler à SAPHIRRA et décida d'octroyer la moitié de son salaire à sa famille afin d'appuyer son père dans ses nombreuses sollicitations. Parallèlement, elle n'hésitait pas à apporter son soutien moral et financier à ses frères et sa sœur qui étaient encore dans le milieu scolaire.

Elle quittait la maison après la prière du matin et ne rentrait que vers 18 h. Elle était disposée à respecter les deux ans d'allaitement recommandés par l'Islam. Lamine avait grandi. Il marchait et commençait à parler. En la voyant rentrer du travail, il courait se blottir dans ses bras. En ces instants, elle se sentait heureuse d'être mère. Elle souhaitait lui donner une bonne éducation et surtout lui trouver un bon établissement scolaire. Il était un peu tôt pour y penser, mais elle décida quand même d'en parler à son mari.

« Je serai sûrement de retour avant cela. Nous en reparlerons de vive voix. Ne t'inquiète pas, nous lui choisirons une bonne école, répondit Seydou.

– Quand penses-tu revenir ?

– Courant novembre, probablement. J'ai raté les deux premiers anniversaires de notre mariage, mais je compte bien fêter cet évènement à tes côtés pour ce qui me reste à vivre. J'espère que ce sera jusqu'au centenaire.

– Je ne crois pas pouvoir vivre jusque-là, dit-elle en riant.

– Chérie… as-tu confiance en moi ?

– Bien sûr que oui, trésor. J'ai une confiance démesurée en toi, en notre amour et en notre avenir.

– C'est bien, mon ange. Je ferai tout ce qui est en mon pouvoir pour ne jamais te décevoir. »

Après cette discussion, elle se demanda pourquoi son mari lui parlait de confiance. C'était la première fois qu'il lui posait ce genre de question. Elle crut avoir décelé une note de désespoir dans sa voix. Mais pourquoi ? Que s'était-il passé ? Elle fut incapable de répondre à ces questions, mais son instinct de femme lui soufflait qu'il avait changé. Il ne restait plus qu'à espérer que ce changement ne soit pas nuisible à leur couple.

La date du retour de Seydou approchait et elle ne savait pas si sa belle-mère la laisserait rentrer chez elle. Elle voulut aborder le sujet, mais se retenait toujours au dernier moment. Elle lui vouait respect et reconnaissance, si bien qu'elle craignait de la blesser en voulant partir. Cependant, elle fut surprise de la voir elle-même en parler.

« Je comprendrais que tu veuilles rentrer chez toi. Après tout, c'est ton foyer et mon fils arrive la semaine prochaine.

– C'est vrai. Je voulais t'en parler, mais je ne savais pas comment aborder le sujet.

– Vous allez me manquer, mon petit-fils et toi. Mais je sais que ce serait égoïste de ma part de ne pas te laisser gérer ton foyer.

– Tu vas me manquer maman. Je suis sûre que Lamine va lui aussi s'ennuyer sans toi.

– Vous avez ma bénédiction. Que Dieu vous protège tous.

– Merci maman », dit-elle, la voix pleine d'émotion.

Elle savait que la séparation ne serait pas facile. Elle redoutait ce moment si bien qu'elle décida de déménager petit à petit.

IV.

La semaine suivante, Saly fut envahie par le stress. La perspective des retrouvailles l'enchantait et l'effrayait en même temps. D'un côté, elle avait hâte de revoir le Seydou qui l'avait épousée deux ans auparavant : cet homme si tendre, si galant et compréhensif envers elle. Mais d'autre part, la crainte de ne plus retrouver ces qualités l'effrayait, de même que celle de ne plus plaire à cet homme qu'elle aimait tant. Le temps et la distance auraient-ils un quelconque effet sur leur amour ? Elle se posait cette question tout en sachant qu'elle ne pourrait y répondre qu'ultérieurement. Elle était cependant disposée à lutter pour son ménage, pour son mari et pour son fils. Ce fils, fruit de leur amour, qui les liait désormais pour toujours.

Ce fut une semaine très mouvementée pour elle. Elle retourna constamment chez elle afin de faire des rangements. Elle s'assura de la propreté, du confort et se permit même de modifier la décoration. Elle décida de laisser son fils chez sa grand-mère et de ne le récupérer qu'accompagnée de son père.

L'arrivée était prévue à 20 h. Elle était élégamment habillée et très belle. Ce n'est que vers 21 h que l'avion atterrit. Elle gardait les yeux fixés sur la porte d'où sortaient les passagers. Soudain, elle aperçut l'homme qu'elle reconnaîtrait entre mille. Vêtu d'un costume sombre et d'une chemise blanche, Seydou portait des lunettes qui accentuaient son charme. Il s'était taillé la barbe en forme de « o ». Elle garda les yeux fixés sur cet homme, incapable de faire un mouvement.

Lorsqu'il la vit, il fit un sourire tendre et deux fossettes creusèrent ses joues. « Dieu qu'il est craquant ! », pensa-t-elle. Il franchit les quelques pas qui les séparaient et la souleva en la serrant très fort dans ses bras.

« J'avais oublié à quel point tu étais belle ! souffla-t-il à l'oreille de sa femme.

– Moi, je n'ai rien oublié. Ton charme, ta douceur, ton regard… tout en toi me manquait, répondit-elle en se dégageant légèrement pour plonger les yeux dans les siens.

– J'ai tellement imaginé ce moment… dit-il en resserrant son étreinte.

– Chéri… tout le monde nous regarde. Allons-y s'il te plaît, dit-elle, gênée d'être le point de convergence d'autant de paires d'yeux.

– Bien sûr, juste le temps de récupérer mes bagages. Tu n'es pas venue avec Lamine ?

– Non ! Il nous attend chez ta mère. J'ai pensé que tu irais saluer tes parents avant de rentrer.

– Oui. Tu as bien fait, comme toujours. »

Il récupéra ses bagages et quelques minutes plus tard, ils étaient dans la voiture qui roulait à vitesse moyenne. Saly conduisait, silencieuse. Elle avait prévu de lui dire tellement de choses, mais aucun son ne sortait de sa bouche. Il la regardait pensif et fut le premier à briser le silence.

« Je vois que tu t'es bien occupée de la voiture, elle est comme neuve.

– J'en ai pris soin durant ton absence, mais il faut reconnaître qu'elle est coriace, répondit-elle en gardant les yeux rivés sur la route.

– Comment cela se passe-t-il au travail ?

– Oh ! C'est très passionnant. Je suis bien traitée, ne t'en fais pas.

– Cela me rassure… Si tu savais combien tu m'as manqué ma puce !

– Tu m'as manqué aussi, répondit-elle, la voix brisée par l'émotion.

– Chérie, je te sens un peu froide. M'en voudrais-tu pour une raison ou une autre ?

– Oh mon amour, t'en vouloir pourquoi ? C'est juste que… je suis très heureuse de te revoir… Voilà, on y est. Tu vas enfin voir Lamine. »

Ils sortirent de la voiture et se dirigèrent vers la maison des parents de Seydou. Mais, ce dernier la retint par le bras avant qu'ils n'arrivent à la porte. Puis avec sa douceur habituelle, il frôla ses lèvres d'un furtif baiser sensuel avant d'appuyer sur le bouton de la sonnerie.

Ce fut sa mère qui ouvrit la porte et serra son fils dans ses bras. Saly observait ce spectacle émouvant des retrouvailles entre une mère et son enfant, tout en essayant de recouvrer ses esprits. Seydou discuta avec ses parents un bon moment. Ils étaient tous au salon, savourant la fin d'une longue et pénible séparation.

« Mais où est Lamine ? dit-il soudain.

– Il est dans ta chambre. Vas-y avec Saly », répondit sa mère.

Le couple monta les escaliers main dans la main. Contrairement à leur attente, il ne dormait pas, mais jouait avec les minuscules voitures qui se dressaient sur le sol. Dès que l'enfant les aperçut, il courut se blottir dans les bras de sa mère.

« Maman ! Maman ! », criait le gamin sans prêter attention à l'homme qui se tenait debout devant la porte.

Saly décela une note d'euphorie teintée de tristesse dans les yeux de son mari, qui ressentait une vague d'émotions à la vue de cet enfant qui ne reconnaissait pas son père. Elle s'assit sur le lit et posa l'enfant sur ses jambes.

« Lamine, lui c'est ton papa. Regarde-le bien. Oui, c'est ça, mon chéri. Papa, Papa. »

L'enfant se tourna vers son père, le regarda avec méfiance, puis détourna le regard. Seydou franchit les quelques mètres qui le séparaient de sa femme.

« C'est à qui la petite voiture de police ? » dit-il en s'approchant, le jouet à la main.

Lamine fut tellement ébloui par le son des sirènes qu'il n'émit aucune réticence quand son père le prit dans ses bras. Ce dernier était fier en admirant les traits de ressemblance que l'enfant avait avec lui. Il se tourna vers Saly qui contemplait le spectacle avec émotion.

« Merci mon trésor, merci pour ce magnifique cadeau, dit-il.

– C'est plutôt Dieu qu'il faut remercier. Alors, on y va ? »

Quelques instants plus tard, ils se retrouvèrent tous au salon. Elle fit ses adieux à la belle-famille et sortit la première, laissant la famille seule un moment. Elle ouvrit la portière de la voiture pour installer l'enfant sur le siège arrière comme d'habitude, mais il refusa.

« Non maman, je veux rester avec toi, dit-il en se débattant.

– Mais bébé, il faut que je conduise. Sois gentil, assieds-toi sinon je vais me fâcher. »

Mais rien n'y fit. Son mari arriva au moment où elle essayait de le calmer.

« Il y a un problème ?

– C'est juste qu'il refuse de s'asseoir seul alors qu'il l'a toujours fait, dit-elle avec lassitude.

– Alors, installe-toi avec lui, je vais conduire.

– Désolée chéri. Je sais que tu es sûrement fatigué après le voyage.

– Tout va bien, trésor », dit-il en embrassant son fils.

L'instant d'après, ils étaient à bord de la voiture qui roulait à vive allure. Il conduisait avec des gestes précis, pleins d'assurance. Il jeta un coup d'œil à sa femme assise à côté de lui, allaitant son bébé au sein tout en le caressant. Ils arrivèrent bientôt devant la porte de leur maison.

« Enfin chez soi, dit-il avec un soupir qui n'échappa pas à Saly.

– Chut ! Il ne faut surtout pas qu'il se réveille. Il n'est pas de très bonne humeur ce soir », dit-elle à voix basse.

Il lui ouvrit la portière et elle sortit avec précaution. Puis, il les précéda pour ouvrir les portes, après s'être emparé des clés. Une fois à l'étage, il se dirigeait vers la seconde chambre quand elle l'en dissuada.

« Non, il dort dans notre chambre. J'y ai installé son berceau.

– Comment ? Il dort toujours dans un berceau ? dit-il d'un air étonné.

– Un gros berceau. Je l'ai acheté sur commande », précisa-t-elle.

Il la regarda y déposer Lamine avec soin. Elle se pencha pour déposer un baiser sur son front avant de le couvrir avec beaucoup d'amour. L'instant d'après, elle se tourna vers son mari qui appréciait le spectacle de la mère attentionnée.

« Chéri, désolée de te négliger. Mais, maintenant tu as un sérieux rival qui se nomme Lamine ! dit-elle en souriant.

– Je vois ça. Mais dis-toi que tu es la mère de mon fils et te voir t'en occuper avec autant d'amour me fait énormément plaisir. Je vais prendre une douche et je te rejoins au rez-de-chaussée », dit-il en posant les lèvres sur les siennes.

Lorsqu'elle sortit, elle referma la porte derrière elle et s'y adossa un moment. Elle venait de retrouver une sensation qu'elle avait perdue depuis deux ans. Elle se sentait heureuse. Elle descendit à la cuisine et se mit à l'œuvre. Elle servit le dîner sur un plat de taille moyenne en forme de cœur qu'elle déposa sur la table à manger ainsi que les boissons et verres. Elle enleva le voile, laissant ainsi à nu ses cheveux coiffés en chignon bas.

Elle portait des boucles d'oreille en or en forme cube ainsi qu'une bague assortie.

Elle s'affairait, les mains tremblantes. Elle était nerveuse et espérait lui faire plaisir. Elle n'avait pas remarqué qu'il se tenait à l'embrasure de la porte de la cuisine depuis un bon bout de temps. Il avait conscience des efforts de sa femme et avait la volonté de faire tout ce qui était en son pouvoir pour mériter cette attention.

Elle saisit le saladier pour le déposer sur l'évier. Mais ses mains lâchèrent le récipient à la vue de Seydou. Le sol se retrouva plein de tessons de verres.

« Oh mon Dieu ! Je suis vraiment maladroite, dit-elle en se baissant pour les ramasser.

– Saly, Saly. Arrête s'il te plaît. Il me semble que tu es très nerveuse, dit-il en la relevant.

– Ce n'est rien. »

Il l'aida à s'asseoir et s'installa à ses côtés.

« Chérie, qu'est-ce qui te tracasse ?

– Rien, je t'assure. Tout va bien. Tu dois avoir faim après ce voyage. Viens, j'ai déjà préparé le dîner, dit-elle en essayant de se lever, mais il la retient par le bras.

– Non ! Écoute-moi d'abord. Saly, regarde-moi, je suis ton mari. L'homme qui t'a épousée il y a deux ans. Je ne comprends pas ce qui t'arrive. Tu m'as à peine adressé la parole depuis l'aéroport. Aurais-tu quelques regrets ?

– Bien sûr que non. C'est juste que… j'ai peur.

– Peur de quoi ? Ne me dis pas que c'est de moi !?

– Non, j'ai peur que tu ne m'aimes plus comme avant. Peur d'avoir perdu du terrain dans ton cœur. Peur de ne plus te convenir. »

Seydou la regarda les yeux agrandis par la surprise. Il était abasourdi des paroles qu'il venait d'entendre.

« Comment peux-tu douter de mon amour ?! Tu es et resteras ma nymphe adorée. Tu es la femme de ma vie. Et je ne te répéterai jamais assez que je t'aime.

– C'est très rassurant d'entendre ces paroles de ta bouche. Je ferai tout ce qui est en mon pouvoir pour te rendre le bonheur que tu me donnes.

– Je ne te mérite pas, dit-il en baissant la tête.

– Mais pourquoi dis-tu cela ?

– Parce que… parce que je t'ai abandonné pendant deux ans, bégaya-t-il.

– Le meilleur reste à venir.

– J'avais hâte de te revoir, Saly ! Ces deux ans m'ont semblé une éternité. »

Il sortit de sa poche une boîte rouge et la lui tendit.

« C'est pour toi ma puce. Il y a plein de cadeaux qui te sont destinés, mais je tenais à t'offrir ceci le jour même de nos retrouvailles. »

Elle saisit la boîte et l'ouvrit. Elle en fut époustouflée. C'était un magnifique collier avec des boucles d'oreilles assorties.

« Oh trésor ! C'est magnifique. Je ne sais pas quoi dire, dit-elle émerveillée.

– Alors, ne dis rien. Contente-toi d'augmenter la place que j'occupe dans ton cœur. Merci de m'avoir patiemment attendu, et merci de m'avoir donné ce magnifique enfant. »

Il se leva et saisit le collier.

« Tu permets ? » dit-il en se chargeant de le mettre à son cou.

Elle se sentait heureuse, envahie par un sentiment de plénitude.

« Tu es divine. Cela te va à ravir.

– Toujours aussi flatteur à ce que je vois. Merci mon cœur ! dit-elle en l'enlaçant. »

Il la souleva de ses bras puissants et l'entraîna vers le salon.

« Qu'est-ce que tu fais ? Et le dîner ? demanda-t-elle sous l'effet de surprise.

– Il attendra. J'ai une tout autre faim. »

La nuit s'annonçait longue. Le lendemain était un samedi ensoleillé. Le couple s'était levé très tôt pour la prière comme à l'accoutumée. Lorsqu'ils eurent fini, ils se remirent au lit jusqu'à l'arrivée d'Astou. Ce n'est que vers 9 h que Saly rejoignit la cuisine pour préparer le petit déjeuner. Quelques minutes plus tard, les pleurs de Lamine l'éloignaient des fourneaux. Mais une fois dans sa chambre, elle vit que son mari le tenait dans ses bras.

« Seydou, je peux m'en occuper.

– Non chérie, laisse-moi faire s'il te plaît ! »

À la vue de sa mère, les cris de l'enfant redoublèrent d'intensité.

« Saly, tu peux retourner à la cuisine. Il va se calmer, tu vas voir.

– Bien ! Comme tu voudras », dit-elle avant de fermer la porte derrière elle.

Cela lui faisait mal d'entendre son enfant crier ainsi. Mais il avait raison. Lamine devait apprendre à connaître son père. Après quelques minutes interminables que dura le concert de pleurs, le calme revint. Le problème semblait résolu et elle en était heureuse. Soudain, elle entendit les pas de Seydou qui descendait les escaliers.

« Voyons qui vient voir maman, dit-il en s'approchant l'enfant dans les bras.

– Maman regarde ! J'ai un ours ! dit Lamine en montrant le cadeau à sa mère.

– Oh ! Quel bel ours en peluche ! Où l'as-tu trouvé ?

– C'est papa ! dit-il en le désignant.

– Alors ! On dirait que la réconciliation est réussie. Assieds-toi, je te sers. J'ai pris quelques jours de congé. Donc, la semaine prochaine je resterai à la maison pour m'occuper de toi.

– C'est bien. Mais ce n'était pas nécessaire de te donner autant de mal. Tu sais que je ne veux pas être un obstacle à ta vie professionnelle.

– Ma vie de couple est plus importante pour moi que ma vie professionnelle. Alors, parle-moi de ces deux ans de séjour. »

Il baissa soudain les yeux, puis : « Bien… très bien. Ce fut très passionnant », dit-il avant de sortir de la cuisine.

Lorsqu'elle se retourna, il avait déjà disparu. Elle avait remarqué qu'il était peu bavard sur son séjour en France. Avait-il eu un quelconque problème ? Elle l'ignorait, mais se promit de ne plus aborder le sujet. Il en parlerait certainement quand il se sentirait prêt.

Son portable sonna quelques minutes plus tard.

« Tu veux bien répondre, s'il te plaît ? » cria-t-elle en se lavant les mains.

En l'entendant parler, elle sut que c'était Khady à l'autre bout du fil. Il la rejoignit, et lui tendit l'appareil.

« C'est ta jumelle qui a une excellente nouvelle à t'annoncer. »

Elle s'empara du téléphone avec précipitation.

« Allô !... Comment tu vas ? dit-elle.

– Bien. Alors, de nouveau heureuse ?

– Comme tu peux l'imaginer. L'homme de ma vie est à mes côtés. Que demander de plus ?

– Ah ! Je suis contente pour toi. Ta nièce est née hier soir.

– Comment ! Tu as accouché d'une fille ! C'est magnifique ! Tu ne peux pas savoir comme je suis contente pour toi.

– J'imagine. Amadou est à mes côtés et il te passe le bonjour.

– Félicite-le de ma part. Comment a-t-il réagi ?

– Il aurait préféré un garçon bien sûr. Mais il est content d'être papa.

– Ah ! Les hommes. Ils ont tous ce côté macho. Ne savent-ils donc pas que c'est Dieu qui détermine le sexe de l'enfant ?

– Je crois qu'ils ont tendance à l'oublier parfois. Ma chérie, je ne pourrai pas te parler longtemps, car je ne suis pas encore totalement remise.

– Je comprends. Au revoir. Et occupe-toi bien du bébé, dit-elle avant de raccrocher.

– Alors comme ça, tous les hommes ont un côté « macho » ? » entendit-elle.

En se retournant, elle vit Seydou dans l'embrasure de la porte, tenant Lamine dans ses bras.

« Comment aurais-tu réagi si j'avais accouché d'une fille ? demanda-t-elle à brûle-pourpoint.

– Mon bonheur aurait été le même. Saly, je me suis marié avec toi parce que je t'aime. Et je crois avoir choisi une bonne mère pour mes enfants. Aussi, j'apprécierai tout ce qui viendra de toi. »

À ces mots, elle s'approcha et lui murmura à l'oreille : « Je t'aime pour la vie. Et tout ce qui vient de toi est un trésor pour moi. »

Au même moment, Lamine tira les cheveux de sa mère qui finit par se dégager avec difficulté.

« On dirait qu'il est jaloux ! » dit le père en riant.

Après le repas, ils se rendirent chez les parents de Saly. Ces derniers reçurent leur beau-fils avec plaisir. Il distribua des cadeaux rapportés de France. Au retour, ils firent un crochet chez la seconde belle-famille.

Le samedi suivant, Seydou reçut deux de ses amis pour le déjeuner. Ces derniers ne manquèrent pas de complimenter la maîtresse de maison sur ses talents culinaires. Quant à lui, il était aux anges, fier de sa femme. Cependant, cette dernière décelait une ombre qui passait sur son visage chaque fois que la discussion tournait autour de son séjour en France. Elle était à présent sûre qu'il s'était passé quelque chose. Mais quoi ?

Plus tard dans la soirée, le couple prenait l'air sur le balcon en savourant la quiétude du moment.

« Mon cœur, j'ai une importante révélation à te faire, dit-il soudain.

– Je t'écoute », dit-elle en lui faisant face.

À voir l'air sérieux qu'il affichait, elle craignit d'entendre des choses pas agréables. Il passa son bras autour de sa taille et inspira profondément comme pour se donner du courage.

« Voilà... Je voudrais te dire que... je commencerai à exercer la semaine prochaine.

– C'est tout ?

– Euh !... Oui... Oui.

– C'est plutôt évident comme « importante révélation », dit elle en scrutant son visage.

– C'est fait exprès, trésor ! Fausse alerte, petite curieuse ! dit-il en souriant.

– Ah ! Trésor, tu m'as fait une de ces peurs ! Tu es sûr que tu ne me caches rien ? Je suis prête à t'écouter, tu sais.

– Je sais. Mais c'est tout ce que je voulais te dire. Tu mérites le bonheur, mon ange, dit-il avec un sourire crispé.

– Toi aussi. J'espère être à la hauteur de tes attentes. »

À cet instant, le portable de Saly sonna. Elle s'excusa auprès de lui pour répondre.

« Allo ! Bonsoir Monsieur Diop... Oui... Hum... d'accord... merci beaucoup. Alors à lundi. »

Lorsqu'elle raccrocha, le regard que lui lança son mari l'inquiéta.

« Qui était-ce ?

– Mon directeur. Il m'informait de la tenue d'un colloque la semaine prochaine.

– Ah ! Et il t'appelle un samedi soir pour te parler de travail !

– Qu'est-ce que tu es en train d'insinuer ?

– Oh ! Mais rien. C'est juste que je n'apprécie pas qu'un homme appelle ma femme sur son portable un samedi soir pour parler de boulot, dit-il en haussant le ton.

– Très bien ! Tu as raison. Excuse-moi. Mais sois *fairplay* quand je t'appliquerai cette règle que tu as toi-même établie ! dit-elle d'une voix ferme.

– Attention Saly ! Il y a des points sur lesquels il vaut mieux ne pas me chercher », dit-il sur un ton menaçant qu'elle ne lui connaissait pas.

Abasourdie par la tournure de la discussion, elle quitta le balcon et rejoignit sa chambre. Il se reprocha aussitôt de s'être emporté.

« Quel con ! » maugréa-t-il en tapant sur la barre d'aluminium du balcon, avant de la rejoindre.

« Désolé, je ne voulais pas te parler ainsi.

– Ce qui me fait mal ce n'est pas le fait que tu t'es laissé emporter, mais de voir que tu n'as pas confiance en moi, dit-elle en enfilant sa nuisette avec colère.

– Ne dis pas cela. Tu sais bien que c'est faux.

– N'oublie pas d'éteindre la lumière en sortant. Bonne nuit », conclut-elle froidement en se couchant.

Il sortit en claquant la porte avec une rage qui la fit sursauter. Il était parfois si agressif qu'elle avait du mal à le reconnaître. Le lendemain, ils firent comme si de rien n'était. Ils allaient reprendre leurs professions respectives dès la semaine suivante. Il se chargeait de la déposer à son bureau avant de se rendre à l'hôpital. Ils quittaient la maison aux environs de 7 h 30 après l'arrivée d'Astou qui s'occupait de la maison et du petit Lamine en leur absence.

Elle regrettait de laisser son enfant seul, mais le travail l'y contraignait. Les week-ends, c'est avec plaisir qu'elle jouait pleinement son rôle de mère et d'épouse dévouée. Elle en profitait pour faire la cuisine et laver certains vêtements de son mari malgré les protestations de celui-ci.

« Ce n'est pas nécessaire de te fatiguer ainsi. Cela ne me dérange pas que la lingère s'occupe de mes habits.

– Je sais trésor. Mais je veux le faire. En plus, ce sont juste les plus légers. Les costumes et boubous, je les amène au pressing. Je veux m'occuper de toi personnellement parce que tu es à moi toute seule. J'ai le mari le plus merveilleux de la terre. Et j'entends bien en prendre soin.

– C'est toi qui est magnifique », dit-il en déposant un baiser sur ses lèvres.

Le lendemain, il apporta une machine à laver. Elle était séduite par autant de pragmatisme et heureuse de se sentir utile dans son foyer. Elle s'interdisait l'oisiveté. Deux mois s'étaient écoulés depuis le retour de Seydou. Il était resté le même homme attentionné. Mais, par moments, elle le sentait tourmenté. Lorsqu'elle l'interrogea, il lui assura que tout allait bien et qu'il était juste préoccupé parce qu'il avait une très jeune patiente gravement atteinte.

« Je comprends maintenant. C'est vraiment triste, mais je suis sûre que tu feras tout ce qui est en ton pouvoir pour la sauver.

– Saly… ne me laisse jamais… tu es très précieuse à mes yeux et je ne veux pas te perdre, dit-il en lui jetant un regard suppliant.

– Mais cela n'arrivera pas, voyons. Je crois que tu es fatigué. Que dirais-tu de dormir un moment ? Je te laisse te reposer un peu, OK ? Tu sais que je t'aime ? » dit-elle en sortant.

Une fois seule dans le salon, elle se posa de multiples questions. Pourquoi parlait-il ainsi ? Elle avait un mauvais pressentiment, mais décida de ne pas trop chercher par crainte d'une découverte désagréable. Mais les jours suivants, il devenait de plus en plus nerveux. Elle s'appliquait à ne pas le contrarier jusqu'à ce qu'il revînt à de meilleurs sentiments. Mais, malgré toutes ces mesures, la tension montait de plus belle au fil des jours. Et paradoxalement, les sautes d'humeur étaient souvent suivies d'élans de tendresse. Elle percevait une certaine crainte dans ses réactions, mais ne savait pas de quoi il s'agissait. Il rentrait tard plus souvent et trouvait toujours les mêmes excuses : « une urgence », « une opération », « les embouteillages ».

Un soir, son portable sonna alors qu'il était sous la douche. Elle allait décrocher quand elle l'entendit gronder.

« Non ! Combien de fois t'ai-je dit de ne pas décrocher mon portable ! » cria-t-il en sortant hâtivement de la salle de bains.

Il s'empara du téléphone et quitta la chambre pour répondre. Elle s'assit sur le lit avec lassitude. Elle ne reconnaissait plus l'homme doux et patient qui l'avait épousée. Où était passée sa tendresse ? Envolée ! Inutile de se voiler la face plus longtemps, elle était à présent sûre qu'il y avait une autre femme dans sa vie. En y pensant, elle ne put retenir les larmes qu'elle laissa couler librement sur ses joues, retombant par gouttes sur sa nuisette bleue. Elle garda les yeux fixés sur la porte qui s'ouvrit brusquement sur lui. La douleur qu'il lut sur le visage de sa femme le figea. En l'espace d'un instant, il était accroupi devant elle.

« Saly, excuse-moi. Je suis désolé. Ma chérie, arrête de pleurer s'il te plaît, supplia-t-il en lui essuyant les joues.

– Dis-moi juste ce que je t'ai fait pour mériter ce mépris, demanda-t-elle entre deux hoquets.

– Mais qu'est-ce que tu racontes ? Jamais je ne pourrai te mépriser. J'ai des problèmes ces temps-ci, mais je te promets de ne plus te faire de mal.

– Ah Oui ! Des problèmes ! Il me semble que tes problèmes sont aussi les miens, surtout quand ils commencent à t'éloigner de moi ! cria-t-elle.

– Ne prends pas les choses de la sorte. Je te promets…

– Je commence à en avoir assez de tes promesses. J'ignore ce que j'ai fait pour que tu te détournes ainsi de moi, mais j'en suis désolée », conclut-elle en se levant brusquement.

Elle se dirigea vers le berceau et prit Lamine dans ses bras.

« Mais qu'est-ce que tu fais ?

– Mon fils et moi allons dormir dans une autre chambre puisque nous sommes de trop dans celle-ci. »

Elle sortit calmement, le laissant impuissant au milieu de la pièce. Une fois dans la chambre destinée à Lamine, elle le déposa précieusement sur le lit et se coucha près de lui. Elle regarda cet être minuscule qui avait tellement d'importance pour elle, caressant cette tête ainsi que ce visage si angélique. À cet instant, elle se promit de tenir le coup et de se battre pour son ménage. Mais en attendant, tout ce qu'elle voulait, c'était dormir. Elle n'avait plus la force de penser, ni même de pleurer. Sa seule consolation fut la présence de son fils.

Bientôt, la fatigue eut raison d'elle. Lorsque Seydou entra dans la chambre quelques minutes plus tard, elle dormait à poings fermés. Il contempla cette femme innocente si chère à ses yeux et fut torturé par le remords. Il avait conscience que sa femme était malheureuse par sa faute. Il tendit la main vers son visage, mais se retint au dernier moment. Il ne voulait pas la réveiller, ou du moins n'en avait pas le courage. Il se décida à la laisser dormir en sortant sans faire de bruit.

Les pleurs de Lamine la réveillèrent au milieu de la nuit. Elle s'adossa sur les oreillers et le prit dans ses bras en lui offrant le sein. Il tétait en regardant sa mère qui chantonnait en lui caressant la tête. Ses yeux se fermèrent après quelques instants, emportés par la douceur du son de la voix de sa maman. Ils s'endormirent tous les deux dans cette position. Elle fut tirée de son sommeil en sursaut, en sentant qu'on lui prenait son fils. C'était Seydou, bien entendu. En la voyant se réveiller, il s'excusa.

« Désolé chérie. Je ne voulais pas te réveiller. Je vais le coucher dans son berceau. Je reviens. »

Les yeux lourds de sommeil, Saly se laissa aller sur les oreillers. Seydou revînt quelques instants plus tard et, sans un mot, la porta dans ses bras puissants comme si elle ne pesait pas plus qu'une feuille.

« Mais qu'est ce qu… dit-elle, surprise par son geste.

– Chut ! Tu as besoin de repos, ma chérie. »

Il la porta jusqu'à sa chambre et la déposa précieusement sur le lit, ajusta la couverture et s'assit près d'elle.

– Allez ! Dors, mon trésor. Ne t'occupe de rien. Repose-toi », dit-il en déposant un baiser sur son front. Puis il quitta la chambre.

Saly jeta un coup d'œil à l'horloge. Il était 4 h 10. Au bout de quelques minutes, ses paupières lourdes se fermèrent. Son sommeil fut si profond qu'elle ne l'entendit pas entrer une demi-heure plus tard. Il se coucha près d'elle sans faire de bruit. Ce n'est que lorsqu'elle sentit une chaleur familière et réconfortante qu'elle comprit. Il l'entoura de ses bras sécurisants et à cet instant, elle sut qu'elle aimait cet homme plus que tout.

Le réveil sonna à 6 h. Saly se leva avec difficulté et prit une douche froide pour se rafraîchir les idées. Les événements de la veille lui revinrent en mémoire, depuis la dispute avec Seydou jusqu'à sa note de tendresse quand il vint la chercher en la portant dans ses bras. À ce souvenir, un sourire se dessina sur ses lèvres. Elle fit ses ablutions et sortit de la salle de bains. En entrant dans la chambre, elle fut surprise de le voir torse nu, la serviette autour de la taille, faisant les cent pas.

Ce matin-là, elle retrouva un mari attentionné, prévoyant et surtout très affectueux. Comme chaque dimanche, elle fit la cuisine avec assiduité. En début de soirée, elle allait s'occuper du dîner quand il l'en dissuada.

« Cela fait une éternité que nous ne sommes pas sortis ensemble. En une date aussi importante que notre anniversaire commun, je t'invite à dîner dans un très bon restaurant.

– Mon Dieu ! Je suis impardonnable. Comment ai-je pu oublier ?

– Pas de souci. Va vite te préparer !

– Et Lamine ?

– Nous le laisserons chez mes parents. Je t'ai négligée ces derniers temps, mais c'est fini maintenant, dit-il en souriant.

– Merci mon cœur. Tu sais, le simple fait que tu sois à mes côtés me rend heureuse. »

Après s'être occupée de son fils, elle prit un bon bain et se maquilla légèrement. Elle ouvrit l'armoire et ne sut quoi mettre. Après un moment d'hésitation, son choix se porta sur une robe longue en soie rouge. Elle était cintrée au niveau de la poitrine, et retombait gracieusement en fronces. Elle agrafa les manches longues démontables. Elle se para d'un ensemble boucles d'oreille, pendentif, bague et montre assortis. Pour finir, elle mit un voile noir brodé de rouge et des escarpins noirs assortis au sac. Le reflet que lui renvoyait la glace était celui d'une femme élégante et pleine d'assurance. Elle se parfuma et quitta la chambre. Seydou l'attendait dans le salon en compagnie de Lamine. Il était très élégant dans son costume sombre. Les lunettes accentuaient son charme. Il ne la vit que lorsqu'elle descendit les escaliers avec une grâce infinie.

« Tu es ravissante !

– Merci chéri. Je te retourne le compliment. »

Le charme fut rompu par Lamine qui commença à s'agiter.

« Maman ! Je veux venir avec toi…

– Oui bébé, mais attends que nous soyons à la voiture. »

Mais rien n'y fit. L'enfant commença à pleurer, ne laissant d'autre choix à sa mère que de se plier à ses désirs.

« Je crains que tu n'aies pas le choix. Je me trompe ou il a le syndrome d'Œdipe ? dit-il en riant.

– Très drôle ! Mais je le trouve bien capricieux ces temps-ci. Tu veux bien me tenir le sac s'il te plaît ? »

Elle le prit dans ses bras et sortit, laissant son mari fermer les portes à clé. Il la rejoignit aussitôt et lui ouvrit la portière. Une fois installés, il démarra. Ils arrivèrent bientôt au Point E. Comme d'habitude, maman Awa fut très contente de les voir.

« C'est bien d'être passé. J'avais une telle nostalgie de mon petit-fils !

– Seulement de ton petit-fils ? taquina Saly.

– Oh ! Je n'oublie pas ma fille chérie, ni mon aîné adoré. Mais dites-moi, vous êtes particulièrement élégants ce soir.

– Euh… merci maman. Saly et moi dînons au restaurant ce soir. Et je me demandais si tu pouvais garder Lamine jusqu'à notre retour.

– Bien sûr, voyons ! Je vois que tu t'occupes de ta femme et cela me fait plaisir. Je suis fière de toi, mon fils.

– Merci maman. Il faut qu'on y aille. À tout à l'heure, dit-il en l'embrassant sur la joue.

– Au revoir maman.

– Amusez-vous bien les enfants.

– Où m'emmènes-tu, Docteur ? demanda-t-elle lorsqu'il prit le volant.

– C'est une surprise. J'espère que cela te plaira.

– Je fais confiance à ton bon goût. »

La voiture sillonna les rues de Dakar et finit par s'arrêter devant un endroit paradisiaque.

« La princesse est arrivée ! » dit-il en lui tendant la main.

Elle sortit avec un grand sentiment de bonheur rien qu'en saisissant cette main qui lui était si chère.

« Ne dis encore rien. Tu me donneras tes impressions quand nous serons à l'intérieur. »

Elle le suivit silencieusement. Sur le seuil, une hôtesse leur souhaita la bienvenue. Ils se rendirent à la réception.

« Bonsoir Madame. J'ai réservé une table avec vue sur la mer.

– Bien sûr Monsieur. C'est à quel nom s'il vous plaît ?

– Docteur Seydou Camara.

– Veuillez me suivre s'il vous plaît », dit l'hôtesse après avoir vérifié sur les fiches.

Elle les emmena au premier étage et s'arrêta devant une table près de la fenêtre en verre donnant sur l'océan.

« Un garçon viendra prendre votre commande. Je vous souhaite de passer d'agréables moments en notre compagnie », dit-elle avant de s'éloigner.

Saly jeta un coup d'œil autour d'elle et fut séduite par la beauté de l'endroit. La décoration était simple, mais raffinée.

« Alors, tu aimes le décor ? demanda Seydou.

– Et comment ! Je trouve que c'est romantique. Mon cœur, merci pour tous les efforts que tu fais.

– Tu mérites beaucoup plus Saly », dit-il avec un regard insistant.

Pour masquer son trouble, elle prit la carte du menu, mais fut incapable de choisir tant elle avait l'esprit ailleurs.

« Vous avez choisi Madame ? » demanda le garçon.

Au lieu de répondre, elle eut un sursaut qui n'échappa pas à son mari.

– Oh, bien sûr. Donc ce sera, en entrée… *salade de choux à la mer*… Résistance… *roulade de poisson à la crème fraîche* et pour le dessert je fais confiance au charmant docteur en face de moi.

– C'est trop d'honneur, Madame ! répondit-il sur le même ton en jouant le jeu, puis ajouta à l'attention du serveur : je prendrai la même chose et côté dessert, ce sera *suédois aux fruits de saison* s'il vous plaît. »

Le garçon s'éloigna après avoir pris note.

« T'ai-je dit combien tu es belle ce soir ?

– Hum… je ne crois pas, non. T'ai-je dit combien je t'aime ?

– Oui. Mais je ne l'entendrai jamais assez.

– J'éprouve un amour sincère pour toi, Seydou. Et j'espère que ce sentiment si noble est réciproque.

– Il l'est, rassure-toi. Je sais que ces dernières semaines je n'ai pas été très attentionné et j'en suis désolé. Saly… je veux que tu me promettes que tu resteras toujours à mes côtés, et toujours la même.

– J'en ai bien l'intention. Te rencontrer est la meilleure chose qui me soit arrivée et je veux passer le reste de ma vie en ta compagnie. Parfois, j'aimerais pouvoir arrêter le temps pour savourer davantage des moments comme celui-ci, dit-elle en posant la main sur la sienne.

– Promets-le-moi », dit-il en la fixant dans les yeux.

Surprise par autant d'insistance, elle rétorqua :

« Pourquoi persistes-tu avec ça ?

– Pourquoi as-tu autant de mal à m'en faire la promesse ?

– OK ! Je te promets de faire tout ce qui est en mon pouvoir pour que ce soit le cas, répondit-elle.

– Très bien ! Je vois que tu joues la carte de la prudence », dit-il avec un sourire crispé.

Leur commande arriva quelques instants plus tard. Ils dînèrent dans la bonne humeur. Ils étaient emportés par une euphorie indéfinissable. À la fin du repas, ils discutaient, verre à la main sans se rendre compte qu'un homme les observait depuis la table voisine.

« Ah ! Mon cœur, la vue est superbe, dit-elle.

– J'ai cru comprendre que tu aimais la mer.

– En effet. C'est un peu comme mon refuge. Chaque fois que j'ai mal ou que j'ai un quelconque problème, je me rends dans ce havre de paix.

– Excusez-moi, bonsoir Madame Camara », dit l'homme qui l'observait depuis le début de la soirée.

Le couple leva les yeux vers l'intrus.

« Ah ! Quelle surprise ! Monsieur Diop, vous allez bien ? dit Saly en souriant.

– Très bien merci. Monsieur ! dit-il en saluant Seydou.

– Je vous présente mon mari, Docteur Seydou Camara. Seydou, voici Monsieur Diop, le PDG de SAPHIRRA.

– Enchanté. Bien ! Je vous laisse dîner en paix. Madame Camara ce fut un plaisir de vous voir, et félicitations Docteur, votre femme est très belle et surtout très brillante. J'ai beaucoup de chance de l'avoir dans mon entreprise.

– Merci et bonne soirée, dit Saly qui, n'ayant pas remarqué la fureur de son mari, souriait toujours à son patron.

– Termine ton verre, on y va ! dit Seydou sur un ton sans appel. Garçon ! L'addition s'il vous plaît », ajouta-t-il.

Saly fut surprise par la rudesse de sa voix. Elle comprit qu'il était en colère.

« Mais chéri, qu'est-ce tu as ?

– J'ai dit : termine ton verre ! » gronda-t-il, puis il se leva après avoir déposé de l'argent sur la table.

Elle le suivit presque en courant. Elle n'avait jamais vu ce côté agressif de Seydou. Arrivé dehors, il entra directement dans la voiture. À peine s'était-elle installée qu'il démarra en trombe. Il roulait à vive allure, la fureur accentuant ses traits. Elle se sentit soudain bafouée dans son amour-propre et bientôt, la colère l'emporta sur la peur.

« Arrête la voiture ! dit-elle.

– Mais, tu oses…

– J'ai dit arrête la voiture ! » cria-t-elle.

Surpris par le ton qu'elle employa, il se rangea sur le côté de la route.

« Pour qui tu me prends tout à coup ?

– Pour ce que tu es, c'est-à-dire ma femme !

– Parce que je suis soumise et patiente, monsieur se croit tout permis ?

– Écoute-moi…

– Non ! C'est toi qui m'écoutes maintenant. Je te respecte et j'en attends autant de ta part. J'ai ma dignité et je n'accepterai d'être le bouc émissaire de personne. Tu es furieux parce que monsieur Diop est venu nous saluer, ce que je ne comprends pas.

– Non ! Tu te trompes. Je suis en colère parce que je suis jaloux et possessif !

– Je ne me rappelle pas t'avoir donné une seule raison pour que tu sois jaloux.

– Eh bien tu viens de le faire avec ce monsieur Diop ! cria-t-il.

– Tu dis n'importe quoi !

– J'ai bien vu comment il te regardait !

– Mais…

– Tais-toi ! »

Saly en resta muette de stupeur. Le visage de son mari reflétait la colère et l'on aurait dit qu'il était prêt à tuer. Il donna soudain un violent coup au volant. Elle sursauta de peur. Elle eut soudain envie de prendre la clé des champs. Il se tourna vers elle plus menaçant que jamais en pointant son doigt.

« Écoute-moi bien Saly ! Je ne te laisserai pas me faire cocu, tu entends. Tu es ma femme et tu le resteras. Et ce ne serait pas très malin de tester ma patience !

– Mais c'est une menace ?

– Plutôt un avertissement ! J'ai été absent pendant deux ans, mais c'est fini maintenant. J'entends protéger mon bien !

– Je ne suis pas ta propriété ! »

À peine eut-elle prononcé cette phrase qu'il la gifla à toute volée. Elle posa instinctivement sa main sur sa joue qui lui brûlait. Elle était abasourdie, ébahie. Le visage baigné de larmes, elle se tourna vers lui.

« Oh Saly, pardonne-moi ! dit-il en approchant sa main vers cette joue qu'il venait de frapper.

– Je t'interdis de me toucher ! cria-t-elle indignée.

– Je suis désolé…

– Si tu lèves encore la main sur moi, je te quitte, tu entends !

– Saly…

– Non, écoute-moi ! Je ne suis pas le genre de femme que l'on torture. C'est la première et la dernière fois que tu oses lever la main sur moi ! » cria-t-elle avec colère.

Elle sortit de la voiture et s'arrêta sur le trottoir, mais il la rejoignit presque aussitôt.

« Qu'est-ce que tu fais ?

– Je prends un taxi, répondit-elle en s'essuyant la joue.

– Saly, ne me pousse pas à bout. Retourne à la voiture s'il te plaît. »

Sa voix s'était adoucie, mais son regard restait menaçant. Aussi s'exécuta-t-elle après un moment d'hésitation, de peur qu'il ne la frappe encore. Il démarra, le visage crispé, fixé sur la route. Quant à Saly, elle pleurait dans son coin, incapable de le regarder. Ils arrivèrent bientôt devant la maison des parents de Seydou. Ce dernier se gara et se tourna vers elle alors qu'elle pleurait encore.

« Il vaut mieux que tu m'attendes. Je vais chercher Lamine et je ne veux pas que ma mère te voie dans cet état. »

Sur ce, il sortit, la laissant seule dans sa voiture. Il revint quelques instants après tenant l'enfant dans ses bras. Il s'apprêtait à ouvrir la portière arrière lorsque la voix de Saly retentit : « Donne-moi mon fils. »

Il hésita un moment puis s'exécuta. Sur le chemin, elle regardait son enfant qui dormait dans ses bras. Elle aimait tant ce petit être. Elle se disait qu'elle allait gérer plus que cette gifle de son mari. Elle le ferait pour son enfant. Elle était surprise de découvrir ce côté agressif. Mais elle savait qu'elle se devait de le supporter ou d'y remédier. Et il était vraiment hors de question de le laisser recommencer.

De retour à la maison, elle coucha son fils et se décida à prendre un bain. Il était déjà minuit, mais peu lui importait l'heure. Elle n'eut pas un seul regard pour son mari alors que ce dernier tentait de lui parler. Elle l'ignora, prit son peignoir et s'enferma dans la salle de bains. Après s'être douchée, elle ne voulut pas sortir tout de suite. Elle resta devant le miroir à contempler son visage en réfléchissant à ce qui était arrivé. Cela faisait trois quarts d'heure qu'elle s'était enfermée, aussi commença-t-il à s'impatienter.

« Saly, ça suffit maintenant ! Sors de là ! » dit-il en frappant à la porte.

Ayant remarqué l'élan de violence, elle ne bougea pas d'un pouce.

« Ce n'est pas drôle, il se fait tard ! Sors de là, s'il te plaît ! »

Plus les coups s'intensifiaient, plus la peur l'envahissait.

« Tu veux que je réveille ton fils ? Alors très bien ! Je vais frapper à cette porte jusqu'à ce que tu daignes en sortir ! »

Elle avait conscience qu'elle devait réagir avant que la situation ne dégénère. Elle n'avait aucune envie d'attirer l'attention des voisins par une dispute conjugale. Elle avait toujours été discrète et n'était pas prête à changer. Les mains tremblantes, elle prit son courage à deux mains et ouvrit la porte. Elle se retrouva face à lui. Il ne portait qu'un petit short et un tee-shirt. Il restait devant la porte, la dominant de toute sa taille.

« Puis-je passer s'il te plaît ? dit-elle presque calmement.

– Euh… Bien sûr, pardon », dit-il en libérant le passage.

Elle se dirigea vers l'armoire et sortit la première nuisette qu'elle trouva. Il ne la quittait pas des yeux.

« Chérie, je suis désolé pour tout à l'heure. Je te jure que je ne voulais pas te frapper. Je ne sais pas ce qui m'a pris. »

Elle ne savait que répondre, ni que penser. Elle se contenta donc de le regarder. En le voyant s'approcher, elle recula instinctivement en serrant son peignoir pour masquer le tremblement de ses mains. Ce geste n'échappa pas à Seydou qui s'arrêta, excédé.

« C'est pas vrai ! » cria-t-il en regagnant la salle de bains.

Elle en profita pour enfiler sa nuisette à la hâte. Il fallait qu'elle se dépêche avant qu'il ne revienne. Elle se coucha très vite et s'agrippa à la couverture. Il entra quelques instants plus tard et soupira en la voyant. Il éteignit la lumière et vint se coucher près d'elle alors qu'elle faisait semblant de dormir.

« Ce n'est pas la peine de t'accrocher à cette couverture de la sorte. Je n'ai pas l'intention de te faire du mal, tu sais. »

Elle lâcha la couverture comme une écolière prise en faute, mais ne dit rien.

« Ma puce, je t'ai giflée par accident parce que je t'aime. L'idée de te perdre m'est inconcevable.

– D'un amour de violence, je peux m'en passer, répondit-elle d'une voix ferme.

– Je te promets que cela ne se reproduira plus.

– Tu as vraiment intérêt. Je suis une femme respectable et respectée. Ta femme ! Pas celle d'un autre. Une femme qui aime son mari et personne d'autre. »

Elle s'était assise et le regardait dans les yeux, après avoir allumé la lampe de chevet. Il se raidit, rongé par la culpabilité. Aussi, se décida-t-elle à vider son sac.

« Je suis très déçue par ton comportement. Si je suis là en ce moment, c'est parce qu'il y a quelques années j'ai craqué pour un homme qui avait beaucoup de qualités humaines.

La violence ne fait pas partie des aspects que je tolère. De surcroît, ta réaction montre que tu n'as pas confiance en moi.

– Ne dis pas cela, trésor. Je t'aime et j'ai peur de te perdre, c'est tout.

– C'est ce qui risque d'arriver si tu continues sur cette voie. Rappelle-toi que tu es l'homme que j'ai épousé. Celui que j'ai choisi comme père de mes enfants. Mais où est passée ton assurance ?

– Oh ! Saly, je ne te mérite pas.

– Je sais que tu as un cœur en or et tu mérites beaucoup plus que ce que je t'offre. Et je vois que tu fais des efforts pour que ça marche. Ce dîner en est la preuve…

– Oui ! Jusqu'à ce que cet individu vienne tout chambouler ! Passons l'éponge sur ce qui s'est passé, OK ? Je reconnais que j'ai agi sans réfléchir.

– Je peux tout supporter sauf le fait d'être battue. Je ne l'accepterai pas. Et j'espère avoir été claire, dit-elle avec une fermeté qu'il ne lui connaissait pas.

– Très claire, chérie. Tu es encore plus belle quand tu es en colère.

– À moi, tu me fais peur quand tu es en colère », conclut-elle avant de lui tourner le dos.

Ainsi, tout rentra dans l'ordre. Mais ce léger accrochage fut instructif pour chacun. Saly savait désormais que son mari était jaloux, possessif et même agressif. Quant à lui, il avait découvert en elle un côté intransigeant. Son épouse si calme et si douce d'habitude savait aussi se défendre. Cette découverte l'effraya considérablement. « Comment réagira-t-elle quand elle saura ce que j'ai osé faire ? » se demandait-il. Malgré les tourments qui lui torturaient l'esprit, il s'efforça à demeurer impassible.

V.

Les mois suivants se passèrent sans incident. Le contrat de Saly arriva à terme et elle décida de ne pas le renouveler, surtout parce qu'elle pensait à la dispute que la rencontre avec monsieur Diop avait engendrée. Lorsqu'elle fit part de cette décision à ce dernier, elle fut surprise de son insistance à vouloir la garder dans son entreprise. Il alla jusqu'à lui proposer une embauche avec un salaire très généreux. L'offre fut très tentante, mais elle refusa.

« Je vous en prie, Madame Camara. Reconsidérez mon offre, dit-il d'une voix suppliante.

– Je vous remercie de votre confiance. Mais la raison de mon départ est strictement personnelle.

– Je ne peux pas vous laisser partir ! »

Surprise par ses propos, Saly lui jeta un regard interrogateur. Il baissa les yeux quelques secondes en inspirant profondément avant de la regarder à nouveau.

« Je voudrais vous raconter une histoire, dit-il.

– Cela aurait été avec plaisir, mais il faut que j'y aille maintenant, dit Saly qui, commençant à craindre ce qu'elle pourrait entendre, s'était déjà levée.

– S'il vous plaît… cinq minutes. »

Après quelques secondes d'hésitation, elle se rassit en répétant : « cinq minutes ! »

« Il y a quelques années, j'étais marié à une femme voilée comme vous. Et Dieu sait que je l'aimais. Nous nous entendions très bien. Mais comme dans tous les couples, il y avait des hauts et des bas. J'étais jeune et j'avais besoin par moments de sortir de la routine. Parfois, j'attendais qu'elle dorme pour faire un tour dans les boîtes en vogue, histoire de me défouler un peu. Une de ses amies m'y a aperçu en compagnie d'une femme et lui en a parlé. Ce soir-là, nous eûmes une violente dispute et elle décida de retourner chez ses parents. J'étais moi-même hors de moi et l'ai pratiquement jetée à la porte. Elle a quitté la maison, mais n'est jamais arrivée chez ses parents.

– Qu'est-ce qui s'est passé ?

– Un camion lui est rentré dedans. Elle est morte sur le coup… elle portait mon enfant.

– Je suis vraiment désolée. J'imagine que cela a dû être dur pour vous, dit Saly dans un élan de compassion.

– En effet. Je me sens responsable et je m'en voudrais toute ma vie. Je ne pouvais plus imaginer être avec une autre femme jusqu'à ce que je vous rencontre.

– Comment ? Qu'est-ce que vous insinuez ? dit-elle en se redressant.

– Je vous ai vu pour la première fois il y a un peu plus de deux ans. Vous étiez habillée tout en noir, marchant le long de la corniche. Vous avez aussitôt retenu mon attention tant la ressemblance était frappante. On aurait dit Coumba ressuscitée.

– Oh non ! dit Saly en baissant la tête.

– Mais vous avez aussitôt disparu de la circulation. Je ne vous ai revue que quelques mois plus tard et j'étais surpris de constater que vous étiez enceinte. J'ai alors compris que vous étiez mariée. Mais je vous ai quand même abordée pour vous aider à dépanner votre véhicule. À partir de cet instant, je n'ai plus perdu votre trace. Je me suis obstiné et j'ai tout fait pour que vous fassiez votre stage dans mon entreprise. Cela me réconfortait de vous savoir près de moi, même si je ne pouvais donner suite à ce que je ressentais, avoua-t-il de manière saccadée, comme s'il ne pouvait plus se contenir.

– Assez ! J'en ai assez entendu ! Comment avez-vous osé m'espionner et me manipuler de la sorte tout en me sachant mariée ! dit-elle avec dédain.

– Je n'ai jamais eu de mauvaise intention…

– Et qu'espériez-vous en me disant tout cela ? Que je quitte mon mari pour vous ? Alors là, vous êtes vraiment mal tombé ! Vous venez de me donner une raison plus que suffisante de ne plus jamais remettre les pieds dans cette entreprise, dit-elle en se dirigeant vers la porte.

– Non, attendez…

– Un conseil : faites le deuil de votre femme. Et trouvez-en une qui soit libre. Avec moi, vous perdez votre temps. J'espère ne jamais vous revoir Monsieur Diop. »

Sur ce, elle sortit sans se retourner. Elle était consternée par cette nouvelle. Elle n'avait rien vu venir. Après réflexion, elle s'en voulut considérablement de ne pas l'avoir reconnu et surtout d'avoir été utilisée comme un pion pendant tout ce temps. Seydou avait bien raison d'être jaloux. Il le fut davantage lorsqu'elle lui fit part de la situation. Il lui fallut faire des efforts surhumains pour le calmer et le faire jurer de ne pas aller voir monsieur Diop.

En effet, il était furieux contre le patron de Saly. En pensant au fait que cet homme avait passé deux ans à « mater » sa femme, il était hors de lui. Aussi, regretta-t-il d'avoir promis à Saly de ne pas se rendre auprès de lui. En outre, il avait l'impression que cet homme attendait ou espérait un *clash* entre eux pour enfin pouvoir en profiter. Cela n'était pas à son goût d'autant plus qu'il avait un lourd secret qui le tenaillait.

Saly décida de déposer son dossier dans d'autres boîtes qui pourraient avoir besoin de ses services. Son beau-père lui proposa un bon poste dans son entreprise, mais elle ne savait pas encore si elle allait accepter. En effet, elle ne voulait pas être dépendante de la famille de Seydou. Certes, elle serait une employée comme une autre et mériterait son salaire, mais elle préférait trouver un travail par elle-même.

Elle était donc temporairement femme au foyer. Elle en profita pour se rapprocher de son fils et aussi pour faire la cuisine. Son mari rentrait plus tôt et semblait avoir retrouvé sa joie de vivre. Il fut heureux qu'elle ait décidé de changer de boîte. La perspective de penser qu'elle voyait ce monsieur Diop tous les jours le rendait jaloux et furieux. Mais d'autre part, il s'en voulait d'entraver sa carrière.

Ce que Seydou craignait ne tarda pas à arriver. C'était un mardi après-midi. Saly habillait son fils en chantonnant joyeusement quand la sonnerie de la porte d'entrée retentit. Comme à l'accoutumée, Astou se chargea d'ouvrir. Quelques instants plus tard, elle frappa à la porte de sa chambre et entra.

« Il y a une femme qui désire vous parler.

– Qui est-ce ?

– Je ne l'ai jamais vue auparavant.

– Tu aurais quand même dû demander son nom. Ce n'est pas grave. Fais-la patienter au salon et tu reviens prendre Lamine s'il te plaît. »

Elle se demandait qui cela pouvait bien être. Astou connaissait presque toute la famille. Or, elle disait voir la visiteuse pour la première fois. Elle descendit quelques instants plus tard et se retrouva face à une inconnue. C'était une fille d'à peu près trente ans, métisse de toute évidence. Elle était très belle avec de longs cheveux frisés qui retombaient sur son dos. Elle portait une jupe droite noire qui épousait ses formes et un chemisier en soie blanche. Elle était debout près de la fenêtre.

« Bonjour.

– Enchantée Saly. Ravie de vous voir enfin ! » dit-elle en se retournant.

Elle eut un mauvais pressentiment. Comment se faisait-il que cette femme qu'elle voyait pour la première fois l'appelât par son prénom avec un air aussi détaché, voire insolent ?

« À qui ai-je l'honneur ? s'enquit-elle.

– Oh !... Bien sûr. C'est Aïcha Traoré, répondit-elle en la détaillant.

– Enchantée ! Prenez place, je vous prie.

– C'est bien aimable de votre part, mais je préfère rester debout. Le vol Paris-Dakar a trop duré à mon goût et j'ai l'impression d'être restée assise pendant une éternité ! dit-elle d'une voix enrouée avant d'ajouter : "Je ne serai pas longue." »

Elle articula ces mots avec un geste gracieux et un sourire si mesquin que Saly comprit qu'elle avait affaire à une femme dangereuse qui n'était sûrement pas venue en amie.

« En quoi puis-je vous aider ? dit-elle d'une voix sèche.

– En rien, j'en ai bien peur. Mais si vous voulez connaître l'objet de ma visite, j'y arrive.

– Je vous écoute.

– Je vois que Seydou ne vous a pas parlé de moi. En fait, lui et moi sommes… je dirais très proche, dit-elle sur un air chantonnant.

– Écoutez ! Je n'aime pas le ton que vous employez. Si vous avez quelque chose à dire, dites-le ! Autrement débarrassez le plancher, dit-elle d'une voix calme en fixant l'intruse d'un regard froid.

– J'aime ça ! L'animosité, la guerre, le défi ! lança-t-elle en ricanant.

– Maintenant, ça suffit. Sortez de chez moi ! » dit Saly en se dirigeant vers la porte qu'elle ouvrit.

Elle la suivit en se déhanchant comme sur un podium et s'arrêta sur le pas de la porte.

« Cela tombe bien que vous ayez ouvert la porte. Il y a un joli paysage que vous devriez contempler. Vous voyez la petite fille qui se trouve dans cette voiture ? C'est celle de votre mari. Et je suis la mère, bien sûr. »

Une voiture était effectivement garée avec à l'arrière une petite fille de quelques mois assise dans un siège enfant. Elle avait un teint caramélisé et les cheveux bouclés. Mais Saly ne pouvait croire à cette histoire.

« Mais de quoi parlez-vous donc ? Vous mentez.

– Demandez-lui ce qui s'est passé en France. Bonne journée ma chère ! Ce fut un plaisir ! »

Sur ce, elle monta dans le véhicule qui démarra aussitôt.

« Attendez !... »

Trop tard, elle était partie. Saly fut déboussolée par le comportement de cette femme. « Qu'est-ce qui avait bien pu se passer en France ? », « Seydou aurait-il eu une aventure avec cette Aïcha ? » Elle se reprocha aussitôt cette réflexion qui lui sembla absurde. « Mais non. Il est trop pieux pour commettre l'adultère », se dit-elle sans grande conviction.

Elle décida d'éclaircir cette affaire dans les plus brefs délais. Elle l'appela sur son portable et lui demanda de rentrer le plus tôt possible. Il arriva aux environs de 18 h. Elle l'attendait nerveusement dans le salon.

« Saly ! Tout va bien ?

– Oui chéri. Assieds-toi s'il te plaît. J'ai à te parler.

– De quoi s'agit-il ? dit-il en posant son sac sur la table.

– J'ai reçu la visite inopinée d'une certaine Aïcha Traoré que tu aurais connue en France. »

À ce nom, il s'affala dans un fauteuil. Son corps se raidit et il enleva ses lunettes qu'il déposa sur la table.

« Que t'a-t-elle dit ?

– Ce qu'elle a dit n'a pas d'importance. Ce qui m'importe c'est ce que toi tu me diras. »

Il émit un profond soupir et se prit la tête.

« Chéri, je veux savoir ce qui s'est passé en France. Et je veux l'entendre de ta bouche, quelle que soit la gravité de la situation.

– Je ne sais pas par où commencer…

– Par le commencement, s'il te plaît, dit-elle avec fermeté.

– Je veux que tu m'écoutes jusqu'à la fin, Saly.

– Mais je ne fais que cela. T'écouter », dit-elle avec impatience.

Il inspira profondément et se lança.

« Voilà ! En partant en France, mon seul objectif était de faire ma sous-spécialisation et de revenir te retrouver. Mais les choses ne furent pas aussi simples. Comme tous les hommes, j'ai malheureusement des moments de faiblesse. À l'hôpital où j'exerçais, je me suis occupé d'une patiente…

– Aïcha Traoré, je présume.

– Oui, c'est elle. Par la suite, elle s'est attachée à moi. Au début, je croyais qu'elle voulait juste une relation amicale, mais c'est allé plus loin. Elle prétendait être tombée amoureuse de moi. Je la rencontrais partout où j'allais. J'ai essayé de lui faire comprendre que j'étais marié, mais elle insistait. Elle venait chez moi, me téléphonait, arrangeait de fausses rencontres inopinées. Malheureusement, j'ai fini par commettre l'irréparable. Je m'en suis voulu et m'en voudrai toute ma vie. Je lui en ai voulu à elle aussi. Au bout d'un certain temps, je lui ai dit de ne plus venir chez moi. J'avais décidé de ne plus la revoir et d'en finir avec elle. Mais un mois plus tard, elle vint m'apprendre qu'elle était tombée enceinte. Je n'arrivais pas à y croire. C'était toute ma vie qui se dérobait et je ne savais pas quoi faire. Je lui ai promis de reconnaître l'enfant si elle ne se mettait pas en travers de mon chemin. Je terminais ma formation dans quelques mois et je devais rentrer pour finir l'exécution du contrat que j'ai signé avec un laboratoire pharmaceutique français. Et mon seul désir était de te retrouver et de voir enfin mon fils. Elle n'avait pas encore accouché quand j'ai quitté la France. »

Il fit une pause pour guetter une réaction, mais elle resta impassible. Il se força à poursuivre.

« Quand je suis rentré, tout allait bien jusqu'à ce qu'elle m'appelle pour me dire qu'elle avait accouché d'une fille. À partir de ce moment, la crainte de te perdre me torturait. Elle avait tout prémédité et je suis tombé dans son piège. Elle est venue au Sénégal pour me faire chanter. Je n'ai pas cédé parce que c'est toi que j'aime et je n'ai pas besoin d'autre femme dans ma vie. Si elle est venue te voir, c'est pour se venger. Mais encore une fois, c'est toi que j'aime. »

Saly restait terne. Son visage reflétait la douleur. Elle se sentait humiliée, bafouée dans son amour propre. Elle ne savait que répondre à un tel aveu. Elle s'attendait peut-être à ce qu'il lui dise avoir eu une aventure sans lendemain avec cette femme, mais pas une seule fois la possibilité que son mari ait eu un enfant avec une autre femme ne lui avait effleuré l'esprit.

« Ma chérie, dis quelque chose… », dit-il en essayant de lui prendre la main.

Lorsqu'il la toucha, elle eut un violent haut-le-corps. N'y tenant plus, elle se leva et courut vers la porte après s'être emparée des clés qui se trouvaient sur la table.

« Saly ! Où est-ce que tu vas ? »

Elle était incapable de répondre. Elle devait réfléchir loin de lui, loin de sa maison. Elle s'engouffra dans la voiture avant qu'il ne la rattrape.

« Attends ! Sors de cette voiture tout de suite ! Arrête, tu n'es pas en état de conduire », cria-t-il.

Elle démarra en trombe, le laissant derrière elle impuissant et meurtri. Elle roula à vive allure et ne s'arrêta qu'arrivée à la corniche. Elle descendit et marcha le long de la plage, le visage baigné de larmes. À bout de force, elle s'agenouilla et laissa libre cours à sa détresse.

Elle venait de se rendre compte qu'elle avait épousé un homme qu'elle ne connaissait pas suffisamment. Elle venait de vivre sa plus grande désillusion et sa plus grande déception. Après presque trois ans de mariage avec l'homme qu'elle aimait, elle ne le connaissait toujours pas. Il s'était fait avoir par les ruses d'une allumeuse. Elle le croyait plus fort que cela. Il avait osé mentir et lui dissimuler un tel acte. Comment avait-elle pu être aussi naïve pendant tout ce temps ? Elle qui croyait vivre avec lui une idylle éternelle, voilà qu'elle apprenait qu'elle n'était pas seule sur la liste. Il avait osé la trahir. Il avait osé, malgré tous ses efforts pour être une bonne épouse.

Mais à présent, le mal était déjà fait. Il fallait qu'elle réagisse et qu'elle assure. Il était hors de question qu'elle laisse cette femme gagner la partie. Il fallait qu'elle se batte pour son mariage, pour son fils, pour son bonheur. Elle savait d'ores et déjà que ce ne serait pas une partie de plaisir.

« Quelle ignominie ! » cria-t-elle en se prenant la tête.

Ce qui lui faisait plus mal, c'est de l'avoir appris de la bouche de cette femme insolente et effroyablement belle. En se remémorant les paroles de cette dernière, « *J'aime ça ! L'animosité, la guerre, le défi* », elle sécha ses larmes du revers de la main avec une énergie pensive et déterminée. « Elle veut la guerre, elle l'aura », dit-elle en se levant d'un pas décidé pour rejoindre son véhicule.

En arrivant devant sa maison, elle vit la voiture de sa belle-mère et entendit des éclats de voix qui venaient de la salle de séjour. Elle entra sans faire de bruit et assista à une violente querelle.

« Tu me déçois énormément, Seydou. Ai-je raté mon rôle de mère ? Est-ce les valeurs que je t'ai inculquées ?

– S'il te plaît maman ! N'en rajoute pas, j'ai surtout besoin de ton soutien par rapport à Saly !

– Alors là, n'y compte surtout pas. Tu t'es fourré dans ce merdier tout seul, tu l'assumes ! »

Voyant la tournure de la discussion, Saly se sentit le devoir de les interrompre avant que cela ne prenne des proportions inquiétantes. Elle aimait bien sa belle-mère et malgré toute sa souffrance, elle ne voulait pas être témoin de paroles désobligeantes de Seydou envers sa propre mère.

« Bonjour maman. C'est gentil d'être passé nous voir. »

À ces mots, deux paires d'yeux la fixèrent dans l'attente de la suite. Elle s'était promis de rester impassible face à cette situation. Elle allait souffrir bien sûr, mais en silence. Elle allait rester digne devant tout le monde, car il était hors de question que cette femme lui gâche la vie, tout comme il était hors de question que son mari s'en tire trop facilement.

« Comment va la famille ? renchérit-elle en l'embrassant sur la joue.

– Bien, et toi ma chérie ? Oh ! Si tu savais comme je suis désolée ! répondit-elle en l'enlaçant.

– Ça va aller. Ne t'inquiète pas. Je vais prendre les choses en main.

– Si tu veux en parler, n'hésite surtout pas. Je suis avec toi.

– Merci. Tu es comme une mère pour moi, dit-elle sans un regard pour Seydou qui assistait à la scène avec un profond sentiment de solitude.

– Je crois que je vais vous laisser maintenant. Tu me raccompagnes jusqu'à ma voiture ?

– Bien sûr. »

Une fois à l'abri du regard de son fils, elle la scruta intensément pour déceler sur son visage une quelconque expression avant de lui dire : « n'oublie pas qu'il t'aime. Ne crois pas que je prenne sa défense. Mais quoi que tu décides de dire ou de faire, pense à tout ce que vous avez construit ensemble et à votre fils qui est à ce jour le seul petit enfant que j'aie. »

Avant que Saly ne sache quoi répondre, elle était déjà partie. Elle inspira profondément avant de franchir à nouveau le seuil de cette maison qui allait connaître un nouveau climat, laissant derrière elle la Saly gentille, pacifique et obéissante pour faire place à une Saly forte, ferme et insidieuse.

Seydou, qui faisait les cent pas, s'arrêta en la voyant entrer. Il s'attendait à ce qu'elle crie, l'insulte, le roue de coups, mais au lieu de cela, sa femme affichait un calme olympien. Cette atmosphère l'inquiéta au plus haut point. Il était persuadé qu'au fond d'elle, elle était très en colère. Mais alors, quelle vengeance se cachait derrière cette allure impassible ? Il fallait qu'il la pousse à réagir, à extérioriser ce qu'elle ressentait. Cela était bien mieux pour leur couple.

« Ma chérie, où étais-tu parti ? Je commençais à m'inquiéter.

– Où est Lamine ? demanda-t-elle en passant devant lui sans un regard, en éludant la question.

– Il s'est endormi. Je crois qu'il faut qu'on en parle. Je sais qu'il te sera difficile de me pardonner. Mais sache que je suis vraiment désolé. »

Elle n'avait vraiment pas envie de lui parler. Mais, il le fallait afin de collecter le maximum d'informations possible au sujet de sa rivale. Aussi, décida-t-elle de reporter son mutisme à plus tard.

« Je vais voir mon fils et je descends pour le dîner », lança-t-elle en montant les marches.

Ce dernier dormait profondément. Elle lui caressa la tête un moment, puis l'embrassa. En se retournant, elle vit son mari qui se tenait sur le seuil. Elle s'approcha et ignora la main qu'il lui tendait.

« Je vais servir le dîner. »

Il lui emboîta le pas d'un air triste. Elle s'apprêtait à se diriger vers la cuisine lorsqu'il la retint.

« Attends, ma puce. Viens t'asseoir un moment, s'il te plaît. »

Elle s'exécuta sans un mot.

« Je vais parler à Aïcha et trouver un terrain d'entente une bonne fois pour toutes. Mais toi, que comptes-tu faire ? Vas-tu te résoudre à me pardonner ?

– Le pardon n'est nullement à l'ordre du jour. Cependant, je voudrais tout savoir sur cette traînée et sur vous deux.

– Je ne sais pas quoi te dire. Je t'ai déjà raconté ce qui s'était passé, dit-il après un moment de silence.

– Non ! Tu m'as résumé la situation en quelques mots. Il y a un tas de choses que j'ignore encore comme combien de temps cette liaison a duré ou depuis quand elle est à Dakar, ou encore quelle est son activité, quel hôtel, etc.

– OK, je vois. Alors…, je ne peux pas dire qu'il y ait liaison à proprement parler. Nous avons eu des relations… intimes à cinq reprises, mais à quelques jours d'intervalle. Tu comprends, j'étais seul…

– Tu peux te limiter aux faits s'il te plaît ? » coupa-t-elle dans un élan de colère en imaginant son mari dans les bras de cette femme.

Il fit une courte pause puis reprit son récit. En effet, Aïcha avait fait des avances à Seydou qui n'avait finalement pas pu résister à autant de charme, surtout en l'absence de sa femme. Ainsi, l'amitié qui les liait fit place à une relation intime. Mais il était chaque fois rongé par le remords. Cette sensation le poussa à y mettre un terme à l'issue de quelques manches du jeu de la bête à deux dos. Ce qui n'était pas du goût de sa partenaire qui proféra de multiples menaces à son égard. En lieu et place de la femme douce et timide qu'il avait voulu aider à traverser une mauvaise passe, il se retrouva face à une femme insolente et provocante qui le harcelait. Ce changement de caractère brutal étonna Seydou qui persista dans sa décision de rupture. Par la suite, elle disparut de la circulation durant à peu près un mois. Lorsqu'elle refit surface, elle lui annonça qu'elle attendait un enfant de lui.

Sous le choc, ce dernier nia et la repoussa de plus belle. Mais devant la détermination d'Aïcha qui était prête à le traîner en justice, il revit sa position afin de préserver son image et surtout son couple. Il proposa alors de reconnaître l'enfant si elle promettait de garder son existence secrète et de ne pas s'approcher de sa famille. De retour à Dakar dans le bain de l'harmonie de son foyer, il prit réellement conscience de tout ce qu'il pourrait perdre si cette histoire s'ébruitait.

Il n'avait pas confiance en Aïcha et doutait de sa bonne foi. Il pensait alors pouvoir se fondre dans la nature parce qu'à des milliers de kilomètres. Dès lors, il ne prenait plus ses appels intempestifs pour ne pas avoir à entendre ses menaces. Mais quelle ne fut pas sa surprise lorsqu'un jour, il vit sur la liste de ses patients à recevoir le nom d'Aïcha Traoré ! Il se rassura quand même en se disant que c'était sûrement une coïncidence. Il se souvint de ce jour où il crut avoir vu un fantôme lorsque sa secrétaire introduisit la fameuse patiente.

C'était bien elle. Les cheveux tirés sur le côté, la démarche envoûtante et le corps parfait. La pochette tenue sous le bras droit, elle portait un ensemble tailleur rouge qui s'arrêtait aux genoux laissant transparaître sa jolie peau métissée.

« Bonjour Docteur Camara ! avait-elle lancé sur un ton chantonnant.

– Qu'est-ce que tu fais ici ? dit-il en se levant, le cœur battant la chamade.

– Hum… tu ne sembles pas très content de me voir, chéri. Alors comme ça, tu croyais pouvoir te débarrasser de moi aussi facilement, dit-elle en faisant le tour du bureau.

– Ce n'est pas vrai ! Je rêve !

– Je crains que non mon cher ! ricana-t-elle en traînant l'index sur le bras de Seydou, qui l'arrêta en la saisissant violemment par le bras.

– Que veux-tu ? dit-il en la secouant.

– Oui, c'est ça, continue ! Offre-moi plus de chefs d'accusations contre toi à la barre ! »

À ces mots, il la lâcha et recula de quelques pas pour se contenir. Il s'en voulait de ressentir ce violent désir pour cette fille qui lui gâchait la vie. Il fallait qu'il la tienne éloignée de lui définitivement.

« Très bien ! Retrouve-moi demain à 18 h au restaurant “*Passions d'ailleurs*” et on parlera de tout ça.

– Voilà qui est mieux. Ne sois pas en retard, chéri. Oh… j'allais oublier, ta fille s'appelle Fatima et elle va bien », dit-elle en sortant avec un sourire cynique.

Il se laissa tomber sur son fauteuil avec inquiétude. Puis il annula tous les rendez-vous, prétextant une intervention d'urgence et rentra auprès de sa femme pour savourer les éventuels derniers moments de paix et de quiétude.

Toutefois, en racontant les faits à sa femme, il se garda bien de parler du désir qu'Aïcha lui inspirait et de certains détails qui ne feraient que mettre de l'huile sur le feu.

« Je veux tous les détails de votre rencontre dans ce restaurant », intervint Saly.

Reprenant son récit, il déroula l'issue de ce fameux rendez-vous. Il était arrivé le premier et commençait à prendre son mal en patience. Pour s'occuper, il commanda un café et alluma son ordinateur portable pour apporter la touche finale à son rapport de recherche sur le cancer du sein. Il était tellement absorbé par ses travaux qu'il tarda à voir qu'Aïcha se tenait debout derrière lui, jetant un coup d'œil sur son écran.

Dès qu'il l'aperçut, il ferma l'ordinateur et l'interpela sur l'objet de sa venue. Elle avait finalement décidé de modifier les termes de leur arrangement. Elle ne voulait plus seulement qu'il reconnaisse l'enfant, mais aussi qu'il lui verse une faramineuse pension alimentaire. Pris soudain d'une forte envie d'uriner, il se rendit aux toilettes, en profitant pour s'accorder un petit temps de réflexion.

Il comprit alors que s'il cédait à ce chantage, il était bon pour une manipulation sans limites. Il était maintenant certain qu'il lui fallait parler à sa femme afin qu'elle entende la vérité de sa bouche. Elle pourrait peut-être lui pardonner avec le temps. Se souvenant avoir laissé son ordinateur avec cette femme hystérique, il se hâta de la rejoindre pour lui signifier son refus catégorique. Comme prévu, elle s'offusqua et promit de lui faire payer son mépris. Avant de partir, elle déposa sur la table un papier sur lequel elle avait écrit le nom de l'hôtel où elle était descendue, ainsi que son numéro de téléphone en lui disant d'un air menaçant : « tu en auras sûrement besoin ».

Plus Saly écoutait ce récit, plus elle était sceptique sur les réelles intentions d'Aïcha. Le plus surprenant dans cette affaire, c'est que Seydou n'avait pas connaissance de l'exacte activité professionnelle d'Aïcha. Tout ce qu'il savait était qu'elle serait ingénieure en informatique. Pas de précision sur l'entreprise où elle travaillait, ni son employeur, si toutefois elle en avait un.

« Tu es vraiment inconscient ! Comment as-tu pu aller aussi loin avec une fille dont tu ne sais pas grand-chose ? Alors qu'elle, par contre, connaît tout de toi : ton lieu de travail, ta maison, ta famille !

– Je ne sais pas comment elle a pu avoir toutes ces informations. J'étais même très surpris de la voir ici à Dakar. Il est vrai que je lui ai vaguement parlé de toi et Lamine. Mais c'est tout, jamais je ne lui ai donné mon adresse. »

Justement, c'est maintenant qu'il prenait réellement conscience qu'Aïcha avait surgi de nulle part pour entrer dans sa vie. Elle était mystérieuse et hystérique, voire dangereuse. De son côté, il n'avait pas jugé utile d'en savoir un peu plus sur elle. Il ne connaissait pas son adresse, encore moins sa famille. Il était trop occupé à lutter contre le désir que lui inspirait cette femme si bien qu'il évitait toute forme de lien.

Mais à présent, il était conscient qu'il devait se montrer plus vigilant envers ses connaissances. Ses engagements professionnels ne lui permettaient guère de s'autoriser autant d'ouverture qu'avant, surtout en ce qui concernait les recherches qu'il menait pour le compte des *Laboratoires Dominos,* basés à Paris. En effet, Seydou faisait partie des cinq experts mandatés par les *Laboratoires Dominos*, chacun pour un continent, pour faire des tests sur des patientes atteintes de cancer du sein afin d'expérimenter un nouveau traitement nommé *Ablatumol.* Ces travaux s'effectuaient donc dans la plus grande confidentialité pour se protéger de la concurrence. Pour sa part, il venait de conclure les résultats satisfaisants des tests. Il ne lui restait plus qu'à envoyer son rapport à son employeur, à l'instar des autres experts.

Mais pour l'heure, il était plus urgent pour lui de recouvrer sa stabilité familiale. Il avait trompé sa femme qui, même si elle ne le disait pas, était envahie par la colère et la déception. Le plus dur serait de retrouver sa confiance. En outre, il était certain qu'elle l'aimait encore et que c'était plutôt une bonne chose qu'elle l'ait écouté. Cela voulait dire qu'elle avait envie de comprendre et surtout de combattre l'intruse, donc qu'elle tenait encore à conserver son foyer.

Elle était encore là, près de lui, mais si loin. Il avait l'impression qu'un voile s'était tissé entre eux. Elle avait écouté son récit sans laisser transparaître quelque émotion que ce soit. Il venait de découvrir une nouvelle facette de sa femme. Il avait en face de lui une femme forte, une femme mûre.

« Que comptes-tu faire maintenant ? demanda-t-elle après un moment de silence.

– Je ne sais pas encore. Mais pour l'instant, je vais l'appeler devant toi. Je n'ai plus rien à cacher.

– Voilà ce que j'en pense : avant de lui proposer quoi que ce soit, fais un test ADN pour t'assurer que c'est bien ton enfant. Fais semblant de t'intéresser à la petite et prélève un échantillon à son insu », dit-elle dans un élan de confrontation avec sa rivale.

Elle en voulait tellement à cette femme que pour l'heure, elle était devenue sa priorité. Malgré sa haute trahison, elle classait le règlement de compte avec Seydou après celui d'Aïcha.

« C'est vrai que je n'ai pas pensé à cela…

– Je veux être la première à être au courant des résultats de ces analyses. Seulement après cela, nous adopterons une conduite à tenir.

– Tu as raison, pourquoi n'y ai-je pas pensé ? »

Joignant le geste à la parole, il s'empara du combiné et composa un numéro. En l'observant, elle vit un homme sincère, rongé par la culpabilité et l'inquiétude.

« Allô ? Aïcha, il faut qu'on parle… Pas à ton hôtel !… bien… demain 17 h… ça me va. Amène la petite avec toi, je veux la voir. »

Il raccrocha et se tourna vers Saly qui retira sa main en sentant la sienne s'y poser.

« C'est bon. J'ai rendez-vous avec elle demain à 17 h au même endroit. Je veux que tu viennes avec moi, dit-il avec une pointe de tristesse.

– Non, tu iras seul. Cela vaut mieux pour la mettre en confiance.

– Je veux mériter ton pardon. J'ai besoin de toi à mes côtés.

– Tu crois peut-être que tu vas t'en sortir aussi facilement ? C'est vraiment mal me connaître ! dit-elle sur un ton acide.

– Ma puce…

– Je t'interdis de m'appeler comme ça ! » articula-t-elle en le fixant avec un air qu'il ne lui connaissait pas.

Elle pénétra dans la cuisine, servit un plat qu'elle mit dans le micro-ondes. Il la regarda impuissant et s'assit autour de la table à manger. Elle posa un couvert et déposa le plat réchauffé devant lui.

« Tu ne manges pas ? s'enquit-il.

– J'ai perdu l'appétit », répondit-elle froidement en quittant la pièce.

Une fois dans sa chambre, elle poussa un profond soupir de lassitude, puis se dévêtit pour prendre une bonne douche, espérant calmer ses nerfs. Par la suite, elle saisit un drap et une couverture, puis se dirigea vers la seconde chambre. Elle croisa Seydou qui la suivit.

« Qu'est-ce que tu fais ?

– Comme tu vois, je fais le lit.

– S'il te plaît ! Tu ne vas quand même pas quitter notre chambre pour dormir ici !

– Bien sûr que non ! C'est toi qui déménages ! Bonne nuit ! » dit-elle avant de sortir, le laissant abasourdi.

Il n'en croyait pas ses oreilles ! Sa femme l'avait pratiquement expulsé de leur chambre. Il était conscient qu'il devrait être patient parce qu'elle devait se sentir trahie. Mais il fallait que les choses s'arrangent bientôt parce qu'il ne pourrait pas supporter une séparation de corps longtemps. Cependant, il se sentait libéré d'un grand poids. Il ne serait plus obligé de supporter les menaces d'Aïcha.

Au même moment, Saly repensait à cette sordide histoire qui avait bouleversé sa vie en quelques heures. Elle devait maintenant se tracer une ligne de conduite. Elle ne savait pas encore si elle pourrait pardonner à son mari. Pour l'instant, son objectif était de couper l'herbe sous les pieds de cette femme prête à tout pour détruire son ménage. En la défiant, Aïcha lui avait donné une bonne raison de ne pas quitter Seydou. Elle était déterminée à remporter cette bataille.

La fatigue eut bientôt raison de ses facultés cognitives. Elle s'assoupit d'un sommeil profond sans rêves. Ce n'est qu'au petit matin qu'un bruit de ruissellement d'eau la tira des bras de Morphée. Reprenant ses esprits, elle se rendit compte que c'était Seydou qui s'activait dans la salle de bains.

Lorsqu'il en sortit, serviette autour de la taille, il fit mine de n'avoir pas remarqué qu'elle était réveillée. Il se mit en tenue d'Adam sous prétexte de s'essuyer. Le voyant ainsi Saly se sentit troublée et enfouit la tête sous la couverture, ce qui provoqua un sourire espiègle de Seydou. Il s'était décidé à jouer la carte de la séduction pour reconquérir sa femme.

La journée s'annonçait particulièrement chargée. Entre interventions et consultations, il ne perdait pas de vue l'important rendez-vous qu'il avait finalement dû repousser d'une heure. Toutefois, avant de partir, il s'assura de l'envoi de son rapport via le réseau intranet des *Laboratoires Dominos*. Ils en étaient à la dernière ligne droite avant le lancement officiel de l'*Ablatumol*. Seydou était très fier d'avoir participé à la mise en œuvre de cette découverte.

Sur les coups de 18 h, il était arrivé au lieu de rendez-vous. Il patienta pendant plus d'une demi-heure et toujours pas l'ombre d'Aïcha. Il se décida à l'appeler, mais n'obtint pas de réponse. Il prit son mal en patience avec un énervement croissant. Un quart d'heure plus tard, il s'apprêtait à quitter les lieux lorsque son portable sonna. C'était elle au bout du fil.

« Seydou, viens vite ! C'est Fatima, je ne sais pas ce qu'elle a ! Elle fait une crise ! dit-elle d'une voix alarmante.

– Je ne te crois pas, c'est encore un de tes subterfuges !

– Je ne plaisanterai jamais avec ça, espèce de connard ! Dépêche-toi avant qu'il ne soit trop tard », dit-elle avant de raccrocher.

Au volant de sa voiture, Seydou était encore hésitant. Mais tout compte fait, il était obligé d'y aller. Autrement, il risquait d'être accusé de non-assistance à personne en danger. Aïcha ne connaissait que lui à Dakar, donc il se devait de lui porter assistance quel que soit le différend qui les opposait. En outre, il pouvait bien demander à un collègue pédiatre de s'y rendre. Mais sachant ce dont Aïcha était capable, il ne voulait pas prendre le risque de la mettre en contact avec une de ses connaissances. Au contraire, il voulait cacher son existence du mieux qu'il pouvait.

Il fonça alors à l'hôtel. Une fois à la réception, il demanda la chambre de madame Aïcha Traoré.

« Vous êtes le docteur ? s'enquit la réceptionniste.

– Oui, la petite fille est malade, n'est-ce pas ? demanda-t-il pour se convaincre qu'il avait bien fait de venir.

– En effet, elle nous l'a signalé. Deuxième étage, chambre 205.

– Merci », dit-il avec soulagement.

Il prit l'ascenseur avec une anxiété croissante. Une fois devant la chambre, il frappa à la porte avec hésitation et s'aperçut qu'elle n'était pas fermée. Il recula d'un pas pour bien réfléchir avant d'entrer. Il avait un mauvais pressentiment parce qu'il connaissait Aïcha. Il se reprocha aussitôt de n'avoir pas appelé Saly pour lui faire part du changement de programme. Soudain, il vit une femme de chambre d'âge mûr qui passait et une brillante idée lui vint.

« Madame, s'il vous plaît… je suis médecin et je dois m'occuper d'un enfant malade qui se trouve dans cette chambre. J'aurai toutefois besoin d'une assistante. Voulez-vous me faire cet honneur ? dit-il avec un sourire.

– Bien sûr. J'ai fini ma tournée. Allons-y », dit la dame en le précédant dans la chambre.

Une fois à l'intérieur, il s'aperçut que c'était plutôt une suite très spacieuse. Il ne vit ni Aïcha, ni l'enfant.

« Aïcha ? » appela-t-il.

Un instant plus tard, il la vit sortir de la salle de bains portant un peignoir en soie rouge.

« Tu en as mis du temps, dit-elle d'une voix suave en s'approchant de lui avec sa démarche envoutante, puis elle s'arrêta net en voyant la dame. Qu'est-ce qu'elle fait ici cette grosse patate ? dit-elle avec dédain.

– Un peu de respect s'il te plaît, rétorqua Seydou.

– C'est à moi que vous parlez ?

– Tu as donc besoin d'un chaperon pour me voir ? dit-elle en le toisant avec dédain, avant d'ajouter à l'attention de la pauvre dame : "Vous, sortez de ma chambre. Je vais me plaindre auprès de la direction."

– Laisse-la en dehors de cette histoire. Tu n'es qu'une menteuse manipulatrice sans scrupule. Je n'arrive pas à croire que tu oses utiliser ton propre enfant comme appât ! Tu me fais perdre mon temps », dit-il en emboîtant le pas à la dame qui était déjà arrivée à la porte.

Une fois cette dernière sortie, Aïcha referma violemment la porte avant qu'il ait pu en faire autant et se mit devant lui.

« Si je te fais peur à ce point, cela veut dire que je te fais également de l'effet », dit-elle en laissant tomber le peignoir laissant à nu la lingerie très provocante qu'elle portait.

Elle s'attaqua aussitôt à son pantalon. Il fallait qu'il sorte de là avant que ses sens ne prennent le dessus sur sa raison. Il décida de la jouer intelligemment. Il fit semblant de répondre à son invite. Puis, il la saisit violemment par les cheveux et la fit pivoter. Ensuite, il fit mine de vouloir l'embrasser.

« Oui… j'aime quand le lion sort de sa cage… », dit-elle en fermant les yeux pensant qu'il allait poser les lèvres sur son cou.

Mais au lieu de cela, il la propulsa au milieu de la pièce brutalement et ouvrit la porte avant qu'elle ait le temps de se relever.

« Malheureusement pour toi, tu n'es pas ma lionne, lança-t-il en se dirigeant vers l'ascenseur tout en réajustant sa ceinture déjà défaite.

– Tu vas me le payer ! Je te le jure sur ma fille ! » cria-t-elle avec colère.

Malgré la mine calme qu'il affichait, il était très secoué. Dans le hall, il retrouva la femme de chambre qui s'était fait insulter par sa faute et s'excusa auprès d'elle. Il lui remit sa carte en lui demandant de l'appeler si Aïcha lui causait le moindre tort.

Une fois à bord de sa voiture, il tenta d'évacuer toute l'excitation qui était en lui. Il prit une bouteille d'eau qu'il vida pratiquement d'un trait. Il ne voulait pas rentrer chez lui ainsi. La situation était assez tendue et il ne voulait pas en rajouter. Il roula à vive allure jusqu'à la maison. Une fois arrivé, il s'appliquait encore à reprendre ses esprits avant d'affronter Saly.

Cette dernière l'attendait avec une nervosité croissante, rongée par la jalousie. Son mari avait rendez-vous avec sa rivale à 17 h. Presque trois heures plus tard, il n'était toujours pas rentré. Qu'est-ce qu'il pouvait bien dire ou faire avec elle qui puisse durer autant de temps ? Elle se mit un tas d'idées à l'esprit, imaginant le pire. Elle faisait les cent pas au salon depuis un bon bout de temps. En entendant la voiture se garer, elle s'assit aussitôt et tenta d'afficher une mine calme en lisant un magazine.

Quelques instants plus tard, il entra avec calme et se dirigea vers elle.

« Bonsoir chérie, dit-il en se penchant pour déposer un baiser sur ses lèvres, mais elle détourna aussitôt la tête et lui tendit la joue.

– Bonsoir », répondit-elle froidement.

Il poussa un soupir de lassitude et s'assit sur le canapé.

« Je ne pensais pas que tu rentrerais aussi tard, dit-elle avec un calme olympien malgré la rage qui l'habitait.

– Il y a eu quelques complications… par rapport à la rencontre que je devais avoir avec Aïcha, dit-il sur un ton hésitant.

– Quel genre de complications ?! dit-elle en se redressant, le cœur battant la chamade.

– Saly, je ne veux plus rien te cacher. Mais je veux que tu me promettes de rester calme et de m'écouter. »

Elle savait que ce qu'elle allait entendre ne serait pas agréable. Elle voulait garder son calme, mais ne savait pas si elle le pourrait encore longtemps. En proie à une nervosité croissante, elle se leva brusquement et se dirigea vers la cuisine, sous le regard interrogateur de son mari. Elle en revint quelques instants plus tard avec deux petites bouteilles d'eau. Elle lui en remit une et vida pratiquement la sienne en un temps record.

« J'avais un peu soif. Je t'écoute maintenant, dit-elle en déposant la bouteille vide sur la table.

– Non, tu es trop nerveuse. On en reparlera quand tu seras plus calme », dit-il en se levant.

Elle l'imita aussitôt.

« Parle ! Tu as couché avec elle, c'est ça ? cria-t-elle avec furie.

– Non ! Saly, tu deviens hystérique. Ça ne te ressemble pas.

– Alors, parle, dis-moi ce qui s'est passé !

– OK ! Mais tu t'assois d'abord et surtout tu baisses la voix s'il te plaît ! »

Elle s'exécuta et tenta de reprendre son masque impassible.

« Je t'écoute », dit-elle après avoir expulsé une bouffée d'air.

Après quelques instants de silence, Seydou lui narra le piège d'Aïcha.

« Elle n'est pas venue au rendez-vous. Au bout d'une heure d'attente, elle m'a appelé sur un ton alarmant pour me dire que la petite faisait une crise. Je suis médecin avant tout et j'étais obligé d'y aller. J'ai pris le soin d'entrer dans sa chambre en compagnie d'une femme de ménage qui me servirait de témoin en cas de pépin. Comme je l'avais imaginé, elle mentait. Elle a juste voulu me piéger pour m'attirer dans son lit. Mais rassure-toi, j'ai aussitôt quitté les lieux. »

En racontant les faits, il prit le soin de scruter le visage de Saly pour y déceler l'alarme. Contre toute attente, elle demeura tranquille jusqu'à la fin de son récit.

« Et… il ne s'est rien passé ? demanda-t-elle.

– Il ne s'est rien passé, répondit-il en la regardant dans les yeux.

– Et l'enfant ?

– Elle n'y était pas. Je ne l'ai pas vue. »

Il s'approcha, s'accroupit devant elle et lui prit la main. Elle se laissa faire.

« OK. On s'en tient toujours à notre plan. Fixe un autre rendez-vous avec elle. Il te faut impérativement l'ADN de la petite. Et cette fois-ci, tu essaies de ne pas tomber dans un piège aussi banal s'il te plaît, dit-elle en essayant de trouver la force d'arrêter les caresses de Seydou.

– Pas maintenant. Demain peut-être. Là, j'ai juste envie de toi », dit-il en se faisant plus entreprenant.

Elle commença à se laisser aller, mais fut soudain prise d'un sursaut de lucidité. Elle le repoussa violemment.

« Lâche-moi ! C'est cette garce qui t'a mis dans cet état ? Je ne suis pas ta roue de secours ! » dit-elle en se levant.

À ces mots, Seydou se mit dans une colère noire qu'il ne put contenir.

« Roue de secours ?! Je n'en ai nullement besoin ! Je te signale qu'il y a quelques minutes j'étais face à une femme presque nue, d'une beauté et d'une attirance incontestables qui s'est offerte à moi sur un plateau. Est-ce que j'ai sauté sur l'occasion ? Non ! Et il ne t'est même pas venu à l'esprit que c'est pour toi que j'ai fait cet effort surhumain. Alors si tu veux savoir si elle m'a excité ? La réponse est OUI ! Je ne suis pas de marbre, mais humain. Je m'efforce quand même de te donner le respect qui t'est dû ! » cria-t-il en saccade.

Elle reçut ces mots comme une douche froide. Incapable de formuler le moindre son, elle le fixa dans les yeux pendant un moment comme pour se convaincre que c'était bien l'homme qui l'avait épousée qui venait de proférer de telles paroles. Puis, elle s'essuya les yeux du revers de la main et se dirigea vers les escaliers la tête haute. Se rendant compte de la nature blessante de ses paroles, Seydou essaya de la retenir.

« Saly, ce n'est pas ce que j'ai voulu dire. Saly… »

Elle ne se retourna pas. Elle entra directement dans sa chambre et s'enferma à clé. Seydou se reprocha aussitôt d'être allé aussi loin avec sa femme. Malgré tout ce qui s'était passé, il l'aimait comme au premier jour et ne voulait en aucun cas lui faire de mal. Elle n'avait pas encore eu le temps de digérer la trahison qu'il lui avait infligée et voilà qu'il en rajoutait en affirmant qu'il était toujours attiré par cette femme. Il était conscient qu'elle avait beaucoup encaissé depuis la veille, peut-être trop.

Il frappa à la porte de sa chambre en étant presque sûr qu'elle n'ouvrirait pas.

« Saly… je suis vraiment désolé. Ouvre-moi s'il te plaît. »

Après de vaines tentatives, il s'assit avec lassitude à même le sol et s'adossa à la porte.

Ce qu'il ne savait pas, c'est qu'elle était dans la même position, tentant d'étouffer ses sanglots. Elle avait très mal. Elle était à présent sûre qu'Aïcha avait une réelle emprise sur son mari. Toutefois, elle était prête à mener cette bataille qu'elle était décidée à remporter. Mais était-elle de taille face à cette redoutable rivale ? Elle voulait s'en convaincre parce que ce qui la liait à Seydou allait au-delà de l'aspect physique.

Comme si ce dernier lisait dans ses pensées, elle l'entendit dire d'une voix sourde : « Avec Aïcha, c'est purement physique. Mais toi Saly, je ne t'échangerai pour rien au monde. Je n'ai vu qu'une infime partie de toi lorsque je t'ai épousée et j'étais déjà très amoureux de toi. Cela n'a changé en rien. Nous devons plutôt lutter ensemble pour combattre l'intruse. Je te tends la main du fond du cœur. Je comprendrai que tu aies besoin de temps pour digérer cette situation dont je suis le seul fautif. Je serai patient. Mais ne tarde pas trop… bonne nuit princesse. »

Elle écouta ces mots avec un immense soulagement. Elle ne baisserait pas les bras. Elle ne se laisserait jamais faire. Elle était persuadée de la sincérité des paroles de Seydou qui étaient fort réconfortantes. Elle ne pouvait imaginer sa vie sans lui et ne comptait pas non plus laisser de place à cette intruse. Elle défendrait cet amour qu'elle ressentait jusqu'à son dernier souffle. Pour ce faire, elle allait jouer sa meilleure carte : celle de la bonne épouse. Cependant, tout ce qu'elle pouvait s'autoriser pour l'heure, c'était de s'occuper de lui comme elle l'avait toujours fait.

Le lendemain, elle se réveilla tôt comme à l'accoutumée et ouvrit la porte de sa chambre afin de lui permettre d'avoir accès à la salle de bains et à ses vêtements. Pour éviter de le croiser, elle descendit à la cuisine pour lui préparer son petit déjeuner. Après réflexion, elle se dit qu'il était insensé de vouloir le fuir. Ils allaient se voir de toute façon puisqu'ils vivaient sous le même toit.

Lorsqu'il descendit, elle fit comme si de rien n'était et lui servit un copieux petit déjeuner naturellement. Il était à la fois surpris et séduit par cette force de caractère de Saly. Il s'attendait à ce qu'elle arrête de se montrer attentionnée à son égard. Bien au contraire, elle faisait en sorte de jouer pleinement son rôle de maîtresse de maison.

Ils discutèrent de questions d'actualité en suivant le journal du matin ensemble. Au début, elle participa vaguement à la discussion par des bribes de mots. Mais, devant la persistance de Seydou à nouer une conversation, elle abdiqua. Au moment de sortir de la maison, il s'arrêta sur le pas de la porte et se tourna vers elle : « Je suis sincèrement désolé pour hier, dit-il.

– Ce qui s'est passé hier est une parenthèse qui est déjà fermée. Passe une bonne journée », répondit-elle calmement en soutenant son regard.

Au cours de la matinée, il tenta de joindre Aïcha à deux reprises en vain. Il en avait marre de cette situation et voulait régler le problème le plus tôt possible. Il fallait donc qu'il s'assure que Fatima était bien sa fille. En effet, il n'avait même pas encore vu cette dernière. Bien qu'il l'ait nié au début, il avait cru Aïcha sur parole lorsqu'elle lui avait imputé la paternité de son enfant.

La demande de Saly avait semé le doute dans son esprit et il fallait à présent qu'il soit édifié. Pour l'instant, il ne savait pas encore ce qu'il allait faire au cas où le résultat serait positif et il ne voulait même pas y penser. Il préférait croire qu'Aïcha était assez menteuse et manipulatrice pour lui attribuer la paternité de sa fille à tort. Il n'avait jamais eu de rapports non protégés avec elle. C'est la raison pour laquelle il fut surpris quand elle lui annonça sa grossesse. Par ailleurs, il savait bien que les précautions ne sont jamais fiables à cent pour cent. Donc à présent, il n'était plus sûr de rien.

Aïcha le rappela sur le coup de 13 h. Elle accepta de le voir en compagnie de l'enfant à la même heure et au même endroit. Toutefois, Seydou prit le soin de prévenir Saly pour éviter tout quiproquo. Cette dernière priait pour que Dieu lui donne la force de surmonter ces difficultés.

VI.

Aïcha était en retard, comme à l'accoutumée, ce qui irrita Seydou au plus haut point.

« Tu crois que je n'ai que ça à faire ? lui dit-il à son arrivée, avant de se reprendre à la vue de la jolie petite fille innocente qu'elle avait aux bras.

– Du calme ! Tu as déjà un fils, alors tu devrais savoir que ce n'est pas évident de sortir avec un enfant. Oh !!! J'avais oublié, tu étais absent parce que trop occupé à faire des recherches médicales ! rétorqua-t-elle avec une pointe de cynisme.

– Comment sais-tu que je faisais des recherches ? »

À cette question, elle se rebiffa, comme si elle en avait trop dit, puis se reprit l'instant d'après.

« Tu m'en avais parlé un jour, après des moments de folie passés dans mes bras. Tu ne t'en souviens plus ?

– Tu mens Aïcha. Je ne parle que très peu de mon travail, encore moins avec une étrangère.

– Étrangère ? Est-ce une façon de qualifier la mère de ta fille ?

– Tu ne fais pas partie de ma vie. Et ne crois surtout pas pouvoir me prendre en otage parce que tu serais la mère de ma fille comme tu le dis. Mais, passons ! Avant tout, je tiens à te dire que tu as commis une grossière erreur en t'approchant de ma famille. Et tu vas me payer cher d'être allé voir ma femme.

Tu sais quoi ? Le peu d'estime ou d'attirance que j'avais pour toi s'est définitivement envolé !

– Ce n'est pas vrai mon cher. Je sais que tu me désires encore. Pourquoi avoir aussi peur de te retrouver seul avec moi si tu es aussi sûr de toi ? Ce qui s'est passé hier à mon hôtel est très édifiant.

– Tu n'as rien compris. C'est par éthique et surtout par respect pour ma femme ! Celle que j'aime et avec qui je partage ma vie ! Tandis que toi, tu n'es rien, tu n'es personne. Juste une petite traînée que j'ai utilisée pour calmer mes ardeurs en l'absence de MA femme ! »

Cette fois-ci, il l'avait vraiment atteinte. Le cynisme fit place à une colère qu'il ne lui connaissait pas. Elle, qui était plutôt du genre à se réfugier derrière le masque d'un sourire démoniaque qui frôlait l'insouciance, était à présent touchée dans son amour propre. Il se reprocha aussitôt d'être allé aussi loin puisqu'il n'avait pas encore obtenu l'ADN de l'enfant.

« Et bien, cette traînée dont tu parles va te montrer ce qui arrive à un œuf qui se frotte à un building ! »

Joignant le geste à la parole, elle sortit son portable et composa un numéro. Seydou en profita pour lui prendre la petite fille qui pleurait. Comme pour la calmer, il se leva et tourna le dos à Aïcha en cajolant l'enfant. Il en profita pour lui prendre un peu de salive qu'il enferma dans un tube qu'il mit aussitôt discrètement dans sa poche. Au même moment, il entendit Aïcha dire : « C'est moi, envoie le rapport. »

Ce dernier mot mit tous ses sens en éveil. En se retournant, il la vit poser le téléphone avec un sourire de triomphe, puis elle s'alluma une cigarette. Lorsqu'il la voyait fumer en France, cela ne le choquait guère parce que c'était monnaie courante. Mais, au Sénégal où les traditions et mœurs sont de rigueur, une femme qui fume est très mal vue.

« Qu'est-ce que tu manigances, Aïcha ?

– Il me semble que les laboratoires *Alcan* vont faire une importante déclaration dans les heures qui suivent !

– De quoi tu parles ? dit-il en s'asseyant, craignant d'entendre le pire.

– *Ablatumol* ! Oui... Tu as tout compris à voir la tête que tu fais ! Mais je vais quand même être plus précise pour mieux savourer ma vengeance. J'ai fait parvenir les résultats de tes recherches aux laboratoires *Alcan*, concurrents de *Dominos.* »

Seydou était sans voix. La mine déconfite, il avait l'impression que le ciel lui était tombé sur la tête. En le voyant muet de torpeur, elle poursuivit ses aveux.

« Notre rencontre n'était pas le fruit du hasard. Tu étais mon contrat. Et pour la première fois, je me suis attachée à ma cible. Je devais me rapprocher de toi, rendre compte de tes agissements et surtout de l'état d'avancement de tes travaux. Je n'avais pas pour objectif d'être intime avec toi, une simple amitié aurait suffi et je l'ai obtenue facilement. Mais je suis tombée sous l'emprise de ton charme et je t'ai protégé. Au début, j'envoyais les rapports naturellement. Puis, je commençais à sentir que je te trahissais en le faisant, malgré le fait que tu passais ton temps à me dire que tu aimais ta femme. Parce que j'avais espoir que tu m'aimerais sincèrement un jour et je t'aurais dit la vérité d'une autre manière. Mais au lieu de cela, tu m'as méprisée, traitée comme une chienne ! Tu as disparu de la circulation sans un coup de fil, ni un mot. Même le fait que je t'apprenne que nous allions avoir un enfant ne t'a pas ému.

– Mais, comment as-tu pu t'approprier mes données ?

– En venant à Dakar, je me suis juré de t'appliquer la réciprocité. Je t'ai quand même laissé une chance que tu n'as pas saisie. Tu as préféré ta Saly. Tu es alors redevenu mon contrat. Pour répondre à ta question, je me suis approprié tes données dans ce même endroit à notre précédente rencontre.

– Ce n'est pas possible !

– Oh que si ! Avec quelques gouttes de Théophylline dans ton café, un jeu d'enfant ! martela-t-elle en expulsant une bouffée de fumée.

– Tu… Tu as osé me droguer…

– N'exagère pas Docteur ! J'avais juste besoin de ses effets diurétiques pour t'éloigner quelques minutes afin de pouvoir copier ce dont j'avais besoin avec l'aide d'un puissant logiciel de décryptage ! »

Seydou était abasourdi. Il n'en croyait pas ses oreilles. Il avait l'impression de suivre un film d'espionnage, sauf que là, il en était acteur. Il avait été victime d'un complot qui risquait de ternir à jamais son image au sein du milieu médical. Il lui semblait que le sol se dérobait sous ses pieds. Malgré le choc, il devait rester fort, car il était peut-être encore temps d'agir.

« Tu es une sacrée garce ! La petite aussi faisait partie de ton plan ? Mais tu ne t'en tireras pas aussi facilement ! » dit-il avant de quitter les lieux avec hâte, sans se retourner.

Une fois dans sa voiture, il roula à vive allure, téléphone à l'oreille, tentant de joindre un membre des Laboratoires Dominos. Avec le décalage horaire, il devait être environ 21 h à Paris. Après de vaines tentatives, il réussit à avoir au bout du fil Pierre Duval, le chargé de communication. Il lui demanda de convoquer une réunion de crise d'urgence. Ce dernier lui donna rendez-vous dans trente minutes en vidéoconférence.

Seydou s'arrêta quelques secondes chez un ami biologiste travaillant dans un laboratoire d'analyses à qui il avait demandé de faire le test ADN avant de reprendre la route. Arrivé chez lui, il se dirigea directement vers la bibliothèque, alluma son ordinateur et se connecta au réseau intranet des Laboratoires Dominos.

Saly qui était dans le salon avec Lamine le vit traverser d'un air préoccupé. Elle lui emboîta le pas.

« Que se passe-t-il ?

– La situation est grave. Aïcha est une espionne et elle a envoyé les résultats de mes travaux à un concurrent de Dominos. C'est trop long à expliquer. Il faut que je les mette au courant avant qu'il ne soit trop tard, dit-il les yeux rivés sur l'écran.

– Comment ?! Ce n'est pas vrai, je rêve ! Qu'est-ce que tu risques ?

– Ma réputation, et même des poursuites judiciaires pour violation de la clause de confidentialité de mon contrat. Chérie, tu veux bien qu'on en discute plus tard s'il te plaît ? Je dois leur parler en vidéoconférence.

– Bien sûr ! Je te laisse. Tu peux compter sur moi quoi qu'il arrive », ajouta-t-elle avant de refermer la porte derrière elle.

Quelques instants plus tard, la réunion débuta. Il inspira profondément et se lança.

« Monsieur le Président, chers membres. Je viens d'apprendre que j'ai fait l'objet d'une conspiration de la part des laboratoires Alcan visant à s'approprier les recherches relatives à l'*Ablatumol* ! »

À ces mots, l'assistance fulmina d'indignation. Mais le PDG se chargea de les rappeler à l'ordre.

« S'il vous plaît Mesdames et Messieurs, un peu de silence ! Poursuivez Docteur Camara.

– Ils ont engagé une femme chasseuse de primes qui m'a… approché quand j'étais à Paris, donc avant la phase d'expérimentation que je viens de boucler à Dakar. Le rapport que je vous ai fait parvenir cet après-midi a également été envoyé à Alcan il ya plus d'une heure par la femme en question nommée Aïcha Traoré. Je tenais à vous mettre au courant de ce désagrément le plus rapidement possible afin de limiter les dégâts, en présentant mes plus plates excuses. »

Par la suite, le président prit la parole : « Très bien ! Il ya deux choses que je retiens de cette situation. Premièrement, il y a une taupe dans l'entreprise qui a informé la concurrence de ce qui se préparait. Et je la démasquerai, je vous en donne ma parole ! Deuxièmement, nous devons tous redoubler de vigilance pour les travaux en cours qui sont de la plus haute importance. »

Puis chacun donna son avis sur la question.

« Vous avez raison. Mais dans l'immédiat avons-nous le temps de sauver notre travail ?

– Non, je crains que ce ne soit pas possible. Il reste encore le rapport de l'expert de la zone Océanie pour comparer les données afin d'être sûr de son efficacité.

– Jacques, quand pensez-vous pouvoir nous livrer votre travail ? demanda un membre à l'attention de l'expert de l'Océanie.

– Je dirai au minimum dans quatre jours, répondit ce dernier.

– C'est trop long, intervint un autre.

– Les quatre rapports sont favorables, alors la majorité l'emporte. Je suis d'avis que nous devons nous lancer pour éviter le chaos. »

Voyant la tournure que prenaient les discussions, Seydou intervint.

« Monsieur le Président, si nous attendons Alcan va annoncer *Ablatumol* dans les prochaines heures alors qu'ils ne disposent que d'un rapport, à ma connaissance. S'ils ne l'ont pas encore fait, c'est parce qu'ils vérifient la fiabilité des données, ce qui leur prendra au minimum trois tours d'horloge. Il nous reste donc à peu près une heure. Je propose de faire un communiqué de presse le plus rapidement possible et de préparer une conférence de presse officielle pour demain matin. Nous devons prendre le risque, eu égard au travail minutieux que chacun de nous a fourni pour la réussite de ces recherches et également au coût de cette opération. »

Tout le monde l'écouta avec attention jusqu'à la fin, puis un silence s'installa pendant quelques secondes qui lui parurent une éternité.

« Je vote oui ! » dit un membre du conseil.

Puis, les mains se levèrent progressivement accompagnées de « moi aussi », qui provoquèrent chez Seydou un immense soulagement. Le président, qui suivait avec calme, prit la parole.

« Alors, c'est décidé ! Mais nous allons jouer la carte de la prudence par rapport à la date de commercialisation. Duval, communiqué de presse dans un quart d'heure. Contactez toutes les chaînes de télé et de radio et passez-moi les directeurs en personne. Programmez une conférence de presse pour demain à 9 h. Et vous Camille, contactez le plus grand cabinet d'audit et je veux également le meilleur détective. Il n'est pas question de lésiner sur les moyens, je veux la taupe ! Quant à vous chers experts, redoublez tous de vigilance et sécurisez vos travaux. Vous pouvez disposer. Docteur Camara, veuillez rester en ligne. »

Suivant les instructions ils se hâtèrent de sortir de la salle de réunion un à un et les autres experts se déconnectèrent aussitôt. Il ne restait plus que le président et Seydou.

« Je suis étonné que cela vous arrive à vous ! Je vous ai toujours vu très sérieux et persévérant. Ce sont ces qualités qui ont fait que mon choix s'est porté sur vous. Alors, je ne vous cacherai pas ma déception.

– J'en suis conscient et j'assume entièrement la responsabilité de ce qui s'est passé.

– Mais, d'autre part, vous avez été honnête en nous en tenant informés aussitôt. Vous ne vous êtes pas dérobé et si vous l'aviez fait, il serait difficile de remonter à la source de la fuite. Il est peut-être encore temps de sauver notre travail. En cela, vous vous êtes racheté.

– Merci Monsieur le Président.

– Toutefois, une enquête sera ouverte. Si le niveau de votre implication s'arrête à ce que vous nous avez affirmé, il n'y aura pas de problèmes. Mais la taupe, qui qu'elle soit, sera arrêtée et poursuivie en justice. Par ailleurs, il va sans dire que cette situation provoquera... un bouleversement d'ordre... financier. Quand tout sera fini, j'adopterai une position finale.

– Je ne suis pas la taupe. Et j'apporterai toute ma collaboration aux enquêteurs pour élucider cette affaire. Je voudrais juste porter à votre connaissance que la femme en question m'attribue la paternité de sa fille. J'ai fait faire des tests pour vérifier cette information.

– Bien ! Je vois que vous êtes dans de sales draps. Alors bonne chance et suivez les infos.

– Bonsoir. »

Lorsqu'il se déconnecta, il poussa un profond soupir de soulagement en dénouant sa cravate. Quelques minutes plus tard, il ouvrit la porte et vit sa femme préoccupée arpentant la pièce de long en large. Elle s'arrêta en lui jetant un regard interrogateur. Seydou qui fut très ému de la voir aussi inquiète de son sort, même en ce moment de crise, comprit alors qu'elle serait à jamais la seule.

« Ça va aller. Ils ont pris la situation en main.

– Et pour toi ? s'enquit-elle.

– Je ne serai pas poursuivi, du moins pas pour le moment. Il y aura peut-être des sanctions financières, mais je crois pouvoir m'en sortir. »

À ces mots, elle franchit les quelques mètres qui les séparaient et le prit dans ses bras. Elle lui en voulait de l'avoir trompée bien sûr, mais pas une seule fois elle lui avait souhaité du mal. Imaginer Seydou derrière les barreaux était au-dessus de ses forces. Elle ne supporterait pas non plus de voir son nom traîné dans la boue. Elle était persuadée de sa bonté et de son professionnalisme.

De son côté, il était très touché par la sollicitude de Saly. Il la serra très fort dans ses bras en lui caressant les cheveux. Il murmura un « je t'aime » à peine audible en relevant sa tête pour poser les lèvres sur les siennes. L'instant d'après, elle se dégagea légèrement avec une pointe de regret. Elle ne voulait pas se laisser aller aussi vite. Elle avait encore besoin de temps pour pardonner à Seydou sa trahison.

« Assieds-toi, je te prépare un bon thé. Tu en as besoin, dit-elle en se dirigeant vers la cuisine. »

Il s'exécuta et alluma la télé pour suivre les chaînes françaises, guettant le fameux communiqué. Lamine, qui jouait avec ses minuscules héros de bande dessinée, accourut et s'assit sur ses jambes. Quelques instants plus tard, il buvait son thé en expliquant à Saly les détails de sa folle journée. En définitive, non seulement le communiqué de presse passa, mais également, le chargé de communication donna une interview pour présenter *Ablatumol*.

En l'écoutant, Saly eut de l'admiration pour lui. Il avait su garder son calme et surtout prendre la bonne décision en peu de temps. Concernant le test ADN, il l'assura que les résultats seraient connus dans quinze jours. Au fond d'elle, elle en voulait terriblement à Aïcha. Elle ne la voyait plus comme une rivale, mais plutôt comme une ennemie. Cette femme était capable de briser sa famille. Mais elle se battrait aux côtés de Seydou pour la vaincre définitivement.

Pendant qu'il faisait sa prière du soir, elle en profita pour s'occuper de Lamine et le mettre au lit malgré ses protestations.
« J'ai pas sommmmmeil !!!

– Oui, mais il est l'heure de dormir pour toi ! »

Une heure plus tard, Seydou se dirigea vers leur chambre conjugale, mais elle l'arrêta à sa grande surprise.

« Écoute… Je suis consciente de la dure journée que tu viens de passer, mais je voudrais que tu dormes dans la chambre voisine. Tu pourras utiliser notre salle de bains si tu le désires.

– Saly ! Non, s'il te plaît ! Nous devons nous rapprocher davantage pour surmonter cet obstacle ensemble. Cela ne sert à rien de maintenir cette séparation de corps puisque nous vivons sous le même toit.

– Je suis désolée, mais j'ai besoin de temps. Au moins jusqu'aux résultats du test ADN.

– Cela voudrait-il dire que si effectivement Fatima est ma fille, tu ne resteras plus avec moi ?

– Ne me mets pas la pression Seydou. Quinze jours ce n'est pas grand-chose. Après, on verra. Je ne peux te dire quelle sera ma conduite passé ce délai. Ce dont je suis sûre, c'est que j'ai besoin de temps.

– OK. Alors bonne nuit ! » lança-t-il dans un élan de colère à peine masqué avant de lui tourner le dos.

Elle en eut un pincement au cœur et se reprocha d'être aussi dure. En vérité, elle mourrait d'envie de le serrer dans ses bras pour lui dire que tout irait bien, de le réconforter. Mais elle savait que s'ils dormaient ensemble, elle n'aurait pas la force de lui résister. Franchir ce cap reviendrait à taire cette situation définitivement.

Une fois seul, il laissa libre cours à toute la colère qu'il ressentait en envoyant une chaise s'écraser sur le mur. Il n'en voulait pas à sa femme, mais à Aïcha qu'il tenait pour responsable de tous ses malheurs. Il ressentait maintenant de la haine pour elle. Il voulait définitivement la rayer de son existence. Il se demandait comment il avait pu être aussi bête et se faire avoir aussi facilement ! Et si effectivement cette petite fille était la sienne, comment allait-il faire ? En outre, il n'avait aucune envie que ce soit le cas parce qu'elle aurait alors les gènes d'Aïcha. « Si seulement je pouvais remonter le temps ! » se dit-il, regrettant amèrement d'avoir connu cette femme.

En entendant le bruit qui provenait de la chambre voisine, Saly imagina dans quel état son mari devait être. Elle voulait se faire violence et rester loin de lui, mais après de multiples hésitations, elle franchit la distance qui les séparait et ouvrit brutalement la porte. Il était assis, abattu, le regard terne. En la voyant, il se redressa. Elle s'avança en jetant un regard furtif aux débris de bois qui jonchaient le sol.

Sans un mot, elle lui prit la main et l'entraîna vers leur chambre. Ensuite, elle lui déboutonna sa chemise, puis retira sa ceinture et laissa tomber son pantalon, tout en gardant les yeux rivés sur les siens. Ensuite, elle lui murmura à l'oreille : « va prendre un bon bain. Je vais m'occuper de toi. »

Une fois dans la salle de bains, il afficha un sourire et en cet instant, il ne ressentait plus que du bonheur. Il tenta d'évacuer les tourments de sa tête. Lorsqu'il finit, Saly lui demanda de se coucher sur le lit et entreprit un bon massage avec des huiles essentielles. Cela lui fit tellement de bien qu'il s'endormit, terrassé par la fatigue. Satisfaite de jouer pleinement son rôle, elle quitta la pièce sur la pointe des pieds afin de ne pas le déranger. Elle rangea l'autre pièce et y dormit.

Le lendemain, en constatant qu'elle n'avait pas partagé sa couche, il se rendit compte que ce n'était pas encore gagné. Par conséquent, il se promit de garder son calme et surtout d'avoir de la patience. Les deux prochaines semaines n'allaient pas être faciles. En attendant les résultats du test de paternité, il était partagé sur la façon dont il devait traiter avec Aïcha. Il voulait se venger, mais en même temps, n'avait pas envie de compliquer les choses.

La conférence de presse se déroula avec succès. Il suivait le journal du matin en buvant son café devant la télé lorsque son portable sonna. C'était Aïcha au bout du fil.

« Bravo Docteur ! Tu m'as fait passer pour une idiote encore une fois !

– Tu t'attendais à quoi ? Que je te laisse dérouler ton plan sans agir ? Tu m'as sous-estimé. Tu as joué, tu as perdu !

– Je n'en ai pas fini avec toi ! Tu ne sais pas de quoi je suis capable !

– Moi non plus, je n'en ai pas fini avec toi ! Je suis sur le pied de guerre et je t'attends fermement », dit-il avant de lui raccrocher au nez.

Par la suite, il appela le président des Laboratoires Dominos pour le féliciter de la réussite de la conférence de presse. Ce dernier en profita pour lui apprendre qu'un enquêteur était en route pour Dakar. Seydou lui réitéra son soutien et sa disponibilité, puis raccrocha.

Lorsque Saly se réveilla, elle le trouva sur le point de partir. Elle descendait les escaliers, cheveux en bataille, pieds nus, le peignoir en soie bleue ouvert laissant apparaître la courte nuisette en dentelle blanche.

« Tu t'en vas sans me dire bonjour ?

– Je ne voulais pas te réveiller, dit Seydou d'une voix détachée en masquant son trouble.

– Tu aurais dû. J'ai oublié le réveil dans notre chambre. Résultat, j'ai trop dormi. »

Elle s'avança vers lui naturellement et l'embrassa sur la joue avec un « bonjour » auquel il répondit machinalement.

« Tu me tiens compagnie quelques minutes avant de partir ? »

Surpris par sa bonne humeur, il acquiesça et la suivit à la cuisine.

« Au fait, je voulais te remercier pour hier. Tu m'as fait beaucoup de bien.

– C'est normal. Je vais me mettre à chercher un boulot sérieusement à partir d'aujourd'hui. Mais auparavant, je dois me rendre à mon ancien lieu de travail pour récupérer la lettre de recommandation que M. Diop m'a faite. Ils ne cessent de m'appeler à ce sujet. Si je n'y vais pas, ils pourraient se poser des questions. »

À ce nom, Seydou se raidit. Il n'avait aucune envie que Saly revoie ce type. Mais il était mal placé pour lui faire savoir ouvertement.

« Tu n'as pas besoin de cela. Papa t'a proposé un bon poste dans son entreprise. Pourquoi n'acceptes-tu pas ?

– Je veux voler de mes propres ailes. En plus, c'est à la direction des ressources humaines que je vais récupérer le papier. Je n'exclus pas de travailler pour ton père, mais je veux trouver par moi-même sans faveur particulière. Assez parlé de moi. Tu as des nouvelles de Dominos ? dit-elle en débarrassant la table à manger.

– Euh… oui, tout va bien. La conférence de presse s'est bien passée et un enquêteur est sur le point d'arriver à Dakar. Mais Saly, il faut que tu m'écoutes ! Je préfère vraiment que tu travailles avec mon père.

– Si vite ! Ils ont eu le temps d'engager un détective ? J'espère qu'il va démasquer cette garce et la mettre derrière les barreaux ! répondit-elle, faisant fi des paroles de Seydou.

– OK, alors je t'accompagne pour que tu récupères la lettre, dit-il d'une voix ferme.

– Tu n'y penses pas ? Il n'en est pas question, je n'ai pas besoin de chaperon ! répliqua-t-elle en lui faisant face brusquement.

– Si, justement !

– Écoute ! Je n'ai pas envie de me disputer avec toi. Tu devrais partir maintenant. Merci de m'avoir tenu compagnie », dit-elle en se retournant.

Sans un mot, il s'assit et appela sa secrétaire pour la prévenir de son léger retard. Puis, il lui dit sur un ton sans appel : « Va te préparer !

– Tu ne peux pas m'obliger, répondit-elle, le cœur battant la chamade.

– Oh que si je peux ! D'accord, je t'ai trompée ! Mais ce n'est pas pour autant que je vais avaler des couleuvres ! Tu as décidé de faire chambre à part, OK ! Tu ne veux pas que je te touche, OK ! Tu ne veux pas travailler avec mon père, OK ! Mais me rendre jaloux en allant voir ce Diop, non ! cria-t-il ?

– Te rendre jaloux ! Tu crois que je n'ai que ça à faire ! ironisa-t-elle.

– Ça suffit maintenant ! Ne me pousse pas à bout ! Je suis déjà assez sur les nerfs. Va te préparer !

– Tu dois sûrement me confondre avec ta pute de luxe pour me parler ainsi ! Regarde-moi ! Je suis ta femme et tu ne me donnes pas d'ordre. Tu t'adresses à moi avec respect ! » répondit-elle sur le même ton.

La fureur s'empara de Seydou qui se retint de ne pas laisser sa main s'écraser sur la joue de Saly. Il prit conscience qu'il devait sortir de la maison pour pouvoir se contenir. Il s'empara de ses clés et de son sac et sortit en claquant la porte violemment. Il roula à vive allure jusqu'à l'hôpital. Il n'arrivait pas à croire que la femme douce et calme qu'il avait épousée quelques années auparavant venait de lui parler sur un tel ton. Certes, il avait haussé la voix, mais la réplique de Saly était inimaginable.

Cette dernière regretta amèrement de s'être ainsi emportée. Elle savait qu'il avait en ce moment plus besoin de soutien et de réconfort que de disputes. Mais ce fut plus fort qu'elle. Elle peinait déjà à digérer la situation, alors il n'aurait pas dû en rajouter. Cependant, elle était consciente que sur le plan religieux, elle ne devait pas lui parler ainsi. Elle avait toujours été pieuse et entendait bien le rester. Après quelques moments d'hésitation, elle se décida à le retrouver à l'hôpital.

Ce n'est que deux heures plus tard qu'elle s'y rendit. Une fois sur place, elle l'appela pour lui dire qu'elle l'attendait au niveau du jardin. Après quelques minutes, elle l'aperçut, portant une blouse blanche, stéthoscope au cou. D'emblée, elle lui présenta ses excuses qu'il accepta.

« Marchons un peu, lui dit-il.

– Je suis désolée.

– Je t'avoue que j'étais très énervé. Mais je te comprends. Tu es une femme, la parole est ta force de défense.

– Je ne suis pas tout à fait d'accord avec ça ! Soit ! Je veux que tu aies confiance en moi.

– J'ai confiance ! Il ne s'agit pas de cela. C'est plutôt que j'avais l'impression que tu voulais surtout me mettre au défi, du genre loi du talion.

– Si tu penses cela de moi, cela veut dire que tu me connais très mal. Tu vois, si j'ai tenu à faire chambre à part et ne pas quitter ta maison, c'est parce que je tiens encore à toi et j'ai envie que ça marche. Parce que mon principe est que si je pars, je ne reviendrai pas.

– Ne dis pas ça ! On ne sait jamais. Mais, de toute façon, tu ne me quitteras jamais, n'est-ce pas ? demanda-t-il pour se rassurer.

– Je l'espère de toute mon âme.

– Tu sais ce qu'on va faire ? Je vais respecter ta décision et dormir dans la chambre voisine. Et toi, tu vas me promettre de tout faire pour qu'il y ait une bonne ambiance à la maison et surtout, tu me laisses te faire plaisir.

– Hum… ça sent le piège ! Tu sais bien que je te résiste difficilement ! avoua-t-elle d'une voix enrouée en souriant.

– Tu sais que c'est très excitant ce que tu viens de dire !

– Bon allez ! Je vais essayer. Maintenant, me fais-tu assez confiance pour m'autoriser à récupérer la lettre de recommandation toute seule ?

– Et si je dis non ?

– Je n'irai pas et c'est sans rancune.

– Vas-y, mon cœur. Tu es vraiment unique et uniquement à moi, je n'en doute pas une seconde, répondit-il avec un sourire enchanté.

– Je te laisse travailler, les patients t'attendent. Je t'aime », dit-elle en ne s'en rendant compte que lorsqu'il lui répondit : « moi aussi ».

Comme convenu, elle se rendit à SAPHIRRA et récupéra la fameuse lettre sans incident à la direction des ressources humaines. Elle s'arrangea pour ne pas tomber sur le grand patron. Ce qu'elle ignorait c'est qu'il l'observait depuis son bureau à travers la baie vitrée. Ses anciens collègues de travail furent contents de la revoir et certains se désolèrent qu'elle quitte l'entreprise. Malgré leur insistance, elle refusa poliment de déjeuner avec eux en prétextant avoir un important rendez-vous. Son dossier étant à présent complet, elle déposa des demandes d'emploi dans quelques sociétés avant de rentrer chez elle.

De son côté, Seydou reçut un coup de fil du détective, un certain monsieur Chevalier, qui était déjà arrivé à Dakar. Ils se donnèrent rendez-vous dans un café sur les coups de 17 h. Une fois sur place, il lui raconta sa version des faits dans les moindres détails, non sans lui indiquer qu'il pouvait compter sur son entière collaboration dans cette enquête. Chevalier acquiesça et lui promit de faire le nécessaire pour élucider cette affaire. Avant de le quitter, Seydou lui remit les coordonnées d'Aïcha. Les deux hommes se donnèrent rendez-vous le lendemain à la même heure pour faire le point.

Il rentra ensuite chez lui après être passé chez le bijoutier. Il offrit à Saly une jolie bague. Cette dernière en était contente, mais ne voulait pas afficher ses émotions. Au contraire, elle lui dit un « merci, elle est très belle » d'un air détaché avant d'ajouter « mais ne crois pas pouvoir m'acheter ».

« Tu m'avais promis une bonne ambiance, répliqua Seydou.

– D'accord ! J'adore et c'est gentil de ta part. Mais je ne veux pas que tu fasses des dépenses faramineuses en pensant que cela règlera le problème. Il s'agit ici de confiance et d'harmonie. Peut-être pourrons-nous retrouver cela avec le temps ?

– OK, je vois, dit Seydou d'une voix sèche.

– Ne le prends pas mal s'il te plaît. Je voulais juste être sincère avec toi », dit-elle d'une voix calme.

L'instant d'après, le téléphone de Seydou sonna. C'était Chevalier au bout du fil qui demandait à le voir le plus tôt possible. Il lui proposa de venir chez lui et lui donna son adresse. Lorsqu'il raccrocha, Saly lui jeta un regard interrogateur.

« Que se passe-t-il ? Cela ne pouvait-il pas attendre demain ?

– Je ne sais pas, cela avait l'air urgent. Maudit soit le jour où j'ai croisé cette femme ! dit-il avec une force qui ébranla Saly.

– Du calme ! Attends de voir ce qu'il a de si important à te dire », dit Saly dans un élan pour le réconforter en lui massant les épaules.

Il se laissa aller et ferma les yeux en savourant le bien-être que les mains expertes de Saly lui procuraient.

« J'en ai marre de cette situation, Saly ! Je n'en peux plus, dit-il d'une voix lasse.

– Je comprends, mais tu ne peux pas baisser les bras maintenant. Tu dois rester fort et je te soutiendrai dans cette épreuve, dit-elle en s'agenouillant devant lui.

– Pour être sincère, j'aimerais mieux sentir ton soutien. Je sais que je suis le seul responsable de cette circonstance et que tu te dis sans doute que je l'ai mérité.

– Ne dis pas ça… je ne t'ai jamais souhaité du mal.

– Oui, mais ce climat ne m'aide guère. Je me bats sur deux fronts et ça devient lassant », dit-il d'une voix sourde.

Il releva sa tête et plongea les yeux dans les siens pendant quelques instants qui lui parurent une éternité. Puis, attirées comme des aimants, leurs lèvres se joignirent en un baiser fougueux. Elle se laissa aller et se mit à promener ses mains sur son cou et sa tête. Les appels de Lamine les ramenèrent à la réalité. Elle se dégagea à regret alors qu'il lui murmurait à l'oreille « tu m'as manqué ».

Elle sortit de la bibliothèque pour répondre à son fils qui était dans le salon devant la télé avec ses jouets. Elle lui donna à manger, lui fit prendre un bon bain pour le rafraîchir. À deux ans, Lamine était un enfant plein d'énergie. Il adorait être sous la douche, sautillant avec des cris de joie sous le jet d'eau. Il s'amusait souvent à courir dans tous les sens, donnant du mal à sa mère pour suivre le rythme. Cette dernière l'avait inscrit dans une école maternelle franco-arabe, lui permettant ainsi de faire ses premiers pas dans l'apprentissage bien que son langage ne soit pas encore limpide. Il aimait également jouer avec les couleurs. Ainsi, elle l'occupait souvent en lui donnant des aquarelles et un livre de coloriage. C'était toujours la croix et la bannière pour qu'il accepte d'aller au lit, rétorquant toujours qu'il n'avait pas sommeil.

Resté seul, Seydou réfléchissait à l'approche qu'il devait adopter pour retrouver sa femme. En analysant la situation, il réalisa que Saly était sensible aux cadeaux, mais pas au point d'influencer son libre arbitre/mais pas au point d'en être folle/mais pas au point d'influencer son libre arbitre/mais pas en fonction de leur valeur). Elle était bien trop fière pour cela. Il se souvint du jour où il lui avait offert un pendentif qu'elle refusa parce qu'elle ne voulait pas de présent de valeur. Bien que sensible, c'était une femme avec des principes très stricts. En outre, il avait bien réussi à la faire succomber une fois, alors il pouvait tout aussi bien une seconde fois. Mais pour cela, il était impératif qu'elle lui pardonne. Il lui fallait surtout s'armer de patience et régler l'équation Aïcha.

Rien qu'en pensant à cette dernière, il devenait furieux. Il en était à ces réflexions en buvant son thé lorsque la sonnerie de la porte d'entrée retentit. Il déposa sa tasse sur la table et s'étira avant d'ouvrir.

« Bonsoir Monsieur Chevalier. Entrez, je vous prie, dit-il en lui cédant le passage.

– Merci Docteur. Désolé de passer aussi tard, mais il y a du nouveau qui devrait vous intéresser.

– Je vous écoute, dit Seydou en lui indiquant un fauteuil sur lequel son invité s'assit aussitôt.

– Merci. J'ai relevé les empreintes digitales de la dame que j'ai envoyées à mes collègues à Paris, avec photos à l'appui pour vérification d'identité. Et devinez…

– Elle ne s'appelle pas Aïcha Traoré ?!

– Bingo ! Son vrai nom est Leticia Salma Keïta. Son père est bien un Malien d'origine et sa mère une Française. Fille unique d'une brève relation, elle a été élevée par sa mère qui est morte il y a sept ans. Pas de casier judiciaire, pas d'antécédent avec la police ! dit-il en gesticulant.

– Sa profession ? demanda Seydou qui n'en revenait pas.

– Elle a un diplôme d'ingénieur en informatique et a déjà travaillé dans une société de transit à Paris. Mais depuis quatre ans, elle a disparu des registres. C'est peut-être depuis cette période qu'elle est devenue chasseuse de primes. Elle a accouché en janvier… à Lens.

– Pourquoi à Lens ?

– Je n'en sais trop rien ! Peut-être parce qu'elle fuyait quelque chose ou quelqu'un.

– Ce n'est pas vrai ! Dans quoi je me suis fourré ?! dit-il en se prenant la tête.

– Elle ne travaille pas seule. Elle a sûrement un complice ou alors elle fait partie d'une organisation. Ce qui est sûr, c'est qu'elle n'en est pas à son coup d'essai. Alcan n'aurait jamais engagé un amateur pour ce genre de boulot. »

À cet instant, Saly descendit l'escalier. À sa vue, monsieur Chevalier se leva en signe de respect. Seydou en fit de même en effectuant les présentations d'usage.

« Enchantée ! Je vous en prie, asseyez-vous et faites comme chez vous. Je vous laisse terminer votre discussion, dit-elle en tournant les talons.

– Non, tu peux rester, dit Seydou.

– Oui… j'ai deux ou trois petits trucs à régler et je vous rejoins. Monsieur Chevalier, voulez-vous boire quelque chose ? dit Saly qui préférait les laisser discuter seuls pour ne pas donner l'impression de s'immiscer dans les affaires professionnelles de son mari.

– Je prendrai bien un café. Merci », répondit-il.

Elle retourna à la cuisine et mit la machine à café en marche alors que les deux hommes reprenaient leur discussion.

« Si je comprends bien, j'ai peut-être fait un enfant à une femme dont je ne connaissais même pas le vrai nom, dit Seydou qui croyait à peine à ce qui lui arrivait.

– Faut croire que oui. Si vous voulez mon avis, vous avez eu raison de faire un test ADN.

– Qu'est-ce qui vous permet d'affirmer cela ?

– J'ai vu l'enfant avec sa mère quand je me suis rendu à son hôtel et je dirais qu'elle est à la limite un peu trop claire pour que vous soyez le père. Leticia était au resto-bar et je crois que c'est la nounou qui tenait l'enfant.

– Elle vous a vu ?

– Bien sûr que non. Je travaille dans la discrétion. Honnêtement, n'importe quel homme aurait pu tomber sous son charme. Elle est vraiment canon ! Une vraie beauté fatale. Elle est le genre de femme calculatrice et dangereuse qui ne tomberait jamais enceinte accidentellement. Croyez-moi, elle savait ce qu'elle faisait.

– Sans doute. Je n'ai jamais compris comment cela a pu arriver. Maintenant que j'y pense, il y a de fortes chances qu'elle ait inventé cette histoire juste pour m'embêter. Je vais quand même attendre les résultats du test de paternité pour savoir quelle conduite tenir.

– C'est pour quand ?

– Dans moins de deux semaines, répondit Seydou en s'adossant sur son siège.

– Je crains que ce ne soit trop tard. J'ai appris qu'elle quittait Dakar demain. Son vol décolle à 10 h.

– Demain ?! » cria Seydou en se levant brusquement.

Saly entra à cet instant avec un plateau qu'elle déposa sur la table. Elle décela la gravité de la situation. Seydou faisait les cent pas s'interrogeant sur ce qu'il devait faire. Elle servit le café à son invité qui la remercia avec un regard soucieux et se tourna vers Seydou.

« Que se passe-t-il ? s'enquit-elle.

– Elle part demain, il faut qu'on l'en empêche. De surcroît, elle ne s'appelle pas Aïcha, mais Leticia je ne sais quoi…

– Leticia Salma Keita, intervint Chevalier.

– Comment ? dit Saly avec un regard déboussolé.

– Chevalier, vous devez faire quelque chose. Même pour votre enquête, cela ne vous arrangerait pas qu'elle parte maintenant, dit Seydou.

– Au contraire. Je n'aurai qu'à prendre le même vol et suivre sa trace une fois à Paris. Je suis désolé, mais je suis payé pour retrouver la source de la fuite pour le compte des Laboratoires Dominos.

– J'ai une idée. Si elle a voyagé sous le nom d'Aïcha Traoré, cela veut dire qu'elle a commis une infraction. Elle pourrait alors être arrêtée pour usage de faux. Cela nous permettrait de gagner du temps et peut-être de la maintenir au Sénégal au moins jusqu'aux résultats du test de paternité, intervint Saly en saccade.

– Pas si mal comme idée. Mais je crains que cela ne compromette mon enquête si elle devait être incarcérée pour une longue période, dit Chevalier.

– J'ai un ami avocat. Je l'appelle tout de suite pour avoir une idée de la pratique judiciaire dans un tel cas », dit Seydou.

Joignant le geste à la parole, il prit son téléphone et composa un numéro. Lorsqu'il exposa les fais à son interlocuteur, ce dernier lui indiqua que la législation prévoyait pour le délit d'usage de faux des peines d'emprisonnement allant de six mois à trois ans et une amende pouvant atteindre 500 000 FCFA. Mais dans la pratique, c'était plutôt un mois.

« Très bien. J'appelle mon supérieur pour requérir les instructions », dit Chevalier lorsque Seydou raccrocha.

Il sortit son cellulaire de sa poche et appela en faisant les cent pas. Pendant ce temps, le couple Camara attendait avec anxiété. Quelques instants plus tard, il raccrocha et se tourna vers eux.

« Mon collègue déployé aux Laboratoires Dominos a une piste sur la taupe. Il devrait pouvoir rassembler les preuves dans les meilleurs délais. Cependant, cette Aïcha ou Leticia nous sera encore utile pour démasquer son employeur au sein des Laboratoires Alcan, parallèlement à la taupe. Il s'agit ici d'amasser le maximum de preuves possibles en vue de constituer un dossier solide au cas où Dominos voudrait saisir la justice. Concernant le fait de la faire incarcérer quelque temps, il est sceptique.

– Oui, mais alors cela ne coûte rien de la maintenir quelques jours de plus au Sénégal. Au contraire, une fois derrière les barreaux, elle pourrait accepter un marché et vous livrer Alcan, rétorqua Saly.

– J'en doute. Cependant, je prends mes responsabilités et je décide de la retenir même si votre patron n'est pas d'accord. J'ai promis mon entière collaboration dans le déroulement de cette enquête et je tiendrai parole. Mais il s'agit là d'une affaire personnelle. J'en ferai part au président de Dominos moi-même, dit Seydou d'une voix ferme.

– Je vous comprends. Je resterai à Dakar quelques jours de plus alors. On verra ce que cela va donner. Qui sait, ce sera peut-être bénéfique.

– Je l'espère, dit Saly.

– Je vous laisse. Madame, merci pour ce délicieux café.

– Je vous en prie. Et merci pour ce fructueux échange. J'espère vous revoir bientôt », répliqua Saly.

Seydou le raccompagna jusqu'à la porte et lui demanda le nom de la taupe. Mais il lui répondit que pour l'instant, il ne pouvait divulguer cette information. Dès qu'il referma la porte, il passa un coup de fil pour dénoncer Aïcha. Les dés étant jetés, il ne restait plus qu'à attendre.

Comme prévu, elle fut arrêtée à l'aéroport au moment où elle embarquait. Du fait qu'elle avait un enfant de quelques mois, elle passa les quarante-huit heures de garde à vue dans une pièce aménagée avec un lit. Puis, elle fut déférée le troisième jour en attendant le jugement prévu deux semaines plus tard. Elle engagea un avocat pour sa défense. Dans la prison, elle eut le privilège de dormir dans la pouponnière, lui permettant ainsi de prendre soin de son enfant.

Chevalier lui rendit visite à la prison pour lui proposer de lui faire recouvrer sa liberté dans les meilleurs délais si elle acceptait de lui donner le nom de son interlocuteur à Alcan. Mais, comme prévu, elle le méprisa et rejeta toute forme de négociation.

Entre-temps, la taupe des Laboratoires Dominos fut démasquée. Contre toute attente, c'était l'assistante du président. Elle n'eut d'autre choix que de reconnaître sa culpabilité. Elle fut aussitôt renvoyée après avoir été contrainte de signer des aveux écrits et de révéler son interlocuteur chez Alcan. Seydou en fut très surpris. C'était une femme toujours souriante qui semblait très dévouée et professionnelle. Mais, après réflexion, il se dit que cela tenait bien la route puisqu'à part le président, elle était la seule à avoir accès à son dossier personnel qu'elle avait dû remettre à la concurrence.

La bonne nouvelle fut qu'il était lavé de tout soupçon, bien que sa responsabilité par rapport à la fuite soit reconnue. Il savait que ce qu'il risquait à présent se limiterait à une ponction de sa rémunération eu égard à son contrat. Bien entendu, c'était un moindre mal. Il était plutôt préoccupé par son image qui en prendrait certainement un sacré coup et sa vie de couple désormais fragilisée.

Quant à Saly, elle vivait cette situation comme un mauvais rêve. Au fond d'elle, elle se demandait pourquoi elle n'avait pas conseillé à Seydou de laisser Aïcha partir une bonne fois pour toutes. Elle serait alors définitivement sortie de leurs vies. Mais, en le voyant ce soir-là faisant les cent pas, l'air grave, cherchant une solution pour l'empêcher de partir, elle a voulu l'y aider inconsciemment. En outre, elle avait pitié de la petite fille qui séjournait avec sa mère en prison.

La tension était encore palpable dans le foyer Camara. Seydou avait de plus en plus du mal à supporter la séparation de corps que sa femme lui imposait. Il avait tenté tout ce qui lui était passé par la tête, mais rien. Elle était toujours enfermée dans une sphère de négativité qui la rendait amère. Aussi décida-t-il de lui appliquer la réciprocité en étant froid et distant. Il ne restait plus que quelques jours avant les résultats du test de paternité et il était incertain que ce soit l'issue de leur crise, même si au fond de lui il était déjà convaincu qu'il n'était pas le père.

Depuis pratiquement une semaine, ils n'échangeaient que très peu. Il quittait la maison très tôt pour éviter de la croiser le matin. Lorsqu'elle se levait pour lui préparer le petit déjeuner, elle le trouvait déjà à table, comme pour lui montrer qu'il pouvait se débrouiller seul. Il rentrait souvent tard et l'appelait parfois pour lui dire qu'il avait déjà dîné. Il ne faisait plus d'effort pour convaincre sa femme. Il s'appliquait à passer le moins de temps possible avec elle afin d'éviter d'extérioriser toute la frustration qu'il ressentait.

Face à cette situation, Saly ressentit d'abord un certain malaise, puis fut prise d'une rage qui la décida à réagir. C'était elle la victime et il était hors de question de laisser Seydou inverser la tendance. D'accord, elle n'était plus aussi réceptive qu'avant, à juste titre d'ailleurs. Mais de là à accepter qu'il agisse comme si elle était responsable du climat désagréable qui prévalait, non.

Elle décida de laisser son fils chez ses parents pour quelques jours. Seydou, qui n'imaginait pas ce qui se tramait, n'y vit aucun inconvénient. À présent libre de ses mouvements, elle s'inscrit dans une salle de sport à l'insu de son mari et programma ses entrainements à partir de 19 h. Le soir de la première séance, elle ne franchit le seuil de sa porte qu'au-delà de 21 h. Pour marquer davantage son coup, elle était toute belle dans un tailleur pantalon beige qui mettait son corps en valeur, et des escarpins noirs. Elle avait pris le soin de se doucher et de se changer dans les vestiaires. La tenue de sport dans le sac, elle avait tenu à rentrer chez elle toute belle. Elle remarqua, non sans une certaine gêne, qu'elle avait attiré plus d'un regard sur son chemin. Elle entra et déposa le sac sur le sol. Seydou était au salon, faisant les cent pas, téléphone à l'oreille.

« Où étais-tu, bon sang ! cria-t-il en posant le cellulaire.

– D'abord, bonsoir, répondit-elle calmement en passant devant lui pour se rendre à la cuisine.

– Je ne suis vraiment pas d'humeur pour des sarcasmes. Alors, j'attends une réponse, dit-il en lui emboîtant le pas.

– OK, puisque tu y tiens. Je reviens de la salle de sport. En fait, j'ai oublié de t'en tenir informé, dit-elle en se servant de l'eau dans un verre.

– Tu as oublié ? répéta-t-il en ricanant.

– Oui, ce sont des choses qui arrivent. C'est comme quand tu oublies de me dire que tu rentres tard, ou que tu prévois de dîner dehors. Je suis certaine que tu sauras le comprendre, dit-elle sur un ton de fausse innocence en s'installant sur le tabouret.

– OK ! Je saisis. Tu veux te venger, c'est ça ?

– Loin de moi, cette idée ! Je n'oserai jamais m'envoyer en l'air comme tu l'as fait. »

À ces mots, une fureur indescriptible s'empara de Seydou.

« Ne me provoque pas Saly ! dit-il sous un air menaçant.

– Sinon, quoi ? Tu vas me frapper ? dit-elle en haussant le ton.

– C'est pour avoir plus de liberté que tu as éloigné Lamine de la maison ?

– Lamine est chez ses grands-parents, rien de plus normal ! Et j'ai parfaitement le droit de sortir quand et avec qui je veux, de faire du sport quand je veux !

– Sans mon autorisation ?

– Dans une situation normale, j'aurais sollicité ton accord avec plaisir. Mais étant donné que ce que je vis est tout sauf normal, ce sera effectivement sans ton autorisation !

– Très bien ! J'irai parler à ton père demain », dit-il en montant les escaliers.

Il savait que Saly était dans un élan de confrontation, et il était certain que ce ne serait pas une bonne idée de la suivre sur ce terrain. Il valait mieux qu'il agisse avec hauteur et surtout qu'il réfléchisse. Il n'était pas en bonne posture, alors il allait s'évertuer au calme, malgré toute la rage qu'il ressentait.

« Je serai curieuse de savoir ce que tu peux bien lui dire, à mon père : " Saly fait ce qu'elle veut parce que j'ai eu un enfant avec une autre femme". J'aimerai bien voir ça, lança-t-elle avec ironie.

– Finalement, tu ne vaux peut-être pas mieux qu'Aïcha », répondit-il en la regardant dans les yeux, avant de se diriger vers la chambre de Lamine qu'il occupait depuis quelques jours maintenant.

Cette dernière pique de Seydou fit à Saly l'effet d'une douche froide. Elle se sentit honteuse. Elle avait toujours été pieuse et c'était ce qui lui donnait la force de surmonter n'importe quelle situation. Et elle savait pertinemment que sa foi ne devrait pas lui permettre de procéder ainsi. Certes, au stade où elle en était, elle voulait faire endurer à son mari une punition sévère. Elle avait parfois envie de se défoncer sur lui, de l'insulter, et même de le maltraiter. Au fond d'elle, le feu de la colère s'attisait à chaque fois qu'elle le voyait, à chaque fois qu'elle repensait à sa trahison, à chaque fois qu'elle l'imaginait dans les bras d'une autre femme. Cela veut dire presque tout le temps.

Mais maintenant qu'elle y pensait, elle s'en voulait de laisser toute cette haine l'envahir. Cette haine destructrice qui ne faisait que l'éloigner davantage de son mari et par la même occasion de Dieu. Elle avait beau vouloir se venger, elle était persuadée que cela ne lui procurerait aucune jouissance. Au contraire, elle risquerait d'y laisser sa réputation, sa piété, et tout ce qui faisait d'elle ce qu'elle était. Si Seydou en était venu à la comparer à cette Aïcha, c'est qu'elle était en train d'emprunter la mauvaise voie. Il était encore temps de rester elle-même. Elle avait encore la possibilité de puiser dans ses réserves la force d'éteindre la flamme de la colère qui commençait à l'anéantir, afin de retrouver la paix intérieure. Elle devait y arriver pour son fils qui méritait d'avoir une bonne mère, pour son foyer et pour elle-même.

De son côté, Seydou méditait sur le comportement de Saly. Il était à la fois surpris et déçu de constater ce dont elle était capable. Bien entendu, il n'avait rien contre le fait qu'elle fasse du sport et même qu'elle sorte de temps en temps, mais il ne pouvait être d'accord sur la manière dont elle avait procédé. Cependant, il était presque convaincu qu'elle avait agi sous le coup de la colère. Il espérait la voir revenir à de meilleurs sentiments, car il était hors de question que sa femme transgresse ainsi son autorité sans qu'il n'ait son mot à dire. Il voulait s'armer de patience jusqu'aux résultats du test ADN. Plus que quelques jours avant la délivrance. Mais pour l'instant, il allait s'évertuer à ne pas répondre aux provocations de Saly. En outre, c'est avec un certain étonnement qu'il la vit calme et sereine le lendemain. Le soir, il vit que Lamine était rentré. Pour éviter de briser le peu de paix qui régnait, il se contenta de constater sa présence sans poser de question.

Saly sentit que la situation lui échappait. Elle avait envie de retrouver son mari et ne savait plus comment s'y prendre. Elle s'en voulait de l'avoir renvoyé de leur chambre. Depuis que cette affaire avait éclaté, ils n'avaient pas eu de relation intime. Au contraire, ils s'éloignaient l'un de l'autre de plus en plus. Ce dont elle était sûre, c'est que quelle que soit la faute commise par Seydou, elle ne voulait pas que leur union en souffre. Lorsqu'il lui disait « je vais me coucher, bonne nuit », sans l'embrasser, sans un regard, son cœur se déchirait. Il la traitait avec un excès de politesse presque insultant. Un mur était en train de se construire entre eux.

Le jour tant attendu arriva. Seydou arriva aux environs de 20 h. Il lui remit l'enveloppe après l'avoir embrassé sur le front avec un « bonsoir » détaché.

« Tu voulais être la première à connaître les résultats du test de paternité. Je te laisse ouvrir l'enveloppe.

– Non… tu es le premier concerné. Alors, reprends-la, répondit-elle en lui tendant l'enveloppe le cœur battant.

– J'insiste ! » dit Seydou sur un ton sans appel en s'adossant sur son fauteuil.

Après un moment d'hésitation, elle ouvrit l'enveloppe et sortit le papier les mains tremblantes. Elle baissa les yeux sur la feuille de papier quelques instants qui parurent une éternité à Seydou et la lui tendit en lui disant : « c'est ta fille », d'une voix cassante.

Alors qu'elle s'asseyait, il saisit le papier et lut les résultats avant de le remettre dans l'enveloppe qu'il posa sur la table.

« Cela veut-il dire que je suis condamné à ne plus te toucher définitivement ? dit-il en la regardant droit dans les yeux.

– J'avoue que j'avais espoir que cet enfant ne soit pas le tien. Mais ces derniers jours passés loin de toi alors que tu étais si proche ont été très durs pour moi autant que pour toi. Cela m'a permis de savoir que tant que je t'aurai dans ma vie, je serai heureuse. Et je n'échangerai ce bonheur pour rien au monde. Je sais que ce sera difficile pour que tout redevienne comme avant. Mais j'y mettrai toute ma volonté. Alors, je suis désolée de t'avoir privé de ma personne pendant tout ce temps, dit-elle en essuyant les larmes qui coulaient sur ses joues.

– Tu n'as pas encore fait le plus important, Saly : me pardonner de t'avoir trompé et menti, dit Seydou qui s'était accroupi devant elle.

– Je t'ai déjà pardonné », dit-elle alors qu'il lui essuyait les joues.

Il avait conscience qu'elle souffrait de cette situation. Mais le vin était tiré, il fallait le boire. Il ne pouvait plus revenir en arrière. Il devait maintenant prendre ses responsabilités. Il sentait que c'était le moment ou jamais de lui en parler.

« Je n'aime pas te voir dans cet état. Mais tu sais que maintenant je vais devoir prendre mes responsabilités et reconnaître Fatima. Je sais que ce sera très dur pour toi de l'accepter. Mais j'ai besoin que tu me comprennes et surtout que tu l'acceptes. Je sais que tu peux le faire parce que tu es une femme forte, dit-il avec un regard suppliant.

– Je ferai de mon mieux. Je veux juste retrouver la stabilité de mon foyer, dit-elle en le fixant droit dans les yeux.

– C'est tout ce que je désire, Saly. Et j'ai besoin de toi… pour élever… mes enfants.

– Tu veux dire que…

– Oui, après la reconnaissance de Fatima, j'en réclamerai la garde. Je ne peux pas permettre qu'Aïcha élève ma fille, dit Seydou qui s'était levé, arpentant la pièce.

– Je ne peux me prononcer sur ce point maintenant. Pour l'heure, je me dois de mettre ma famille au courant, dit Saly en s'adossant au mur.

– Tu crois que c'est nécessaire ?

– Oui ! Ils ont le droit de connaître l'existence de… ta fille », dit-elle en ayant encore du mal à le prononcer.

Le portable de Seydou sonna à cet instant. Il soupira et répondit machinalement, sans la quitter des yeux.

« Oui… depuis combien de temps ? Très bien. Préparez le bloc pour une intervention d'urgence. J'arrive dans moins d'une demi-heure. »

Sur ce, il raccrocha.

« Chérie, il faut que je retourne à l'hôpital. Je suis désolé, mais c'est un cas urgent.

– Très bien, alors dépêche-toi.

– Nous reprendrons cette discussion plus tard. À tout à l'heure », dit-il en l'embrassant avant de sortir.

Elle se rendit compte soudain avoir perdu toute confiance en lui. « Et s'il avait monté cette histoire de toutes pièces pour aller retrouver une fille ou même Aïcha ? » se disait-elle. Après réflexion, elle préféra noyer le poisson et ne pas trop y penser. Elle n'avait plus qu'une seule arme : l'espoir. Espérer qu'il ne la trompe plus et que tout redevienne comme avant. Elle se souvint de la période où il lui faisait la cour avec la délicatesse d'un homme amoureux. Qui disait que mariage signifiait bonheur ? Celui-là ne savait pas quelles tumultueuses responsabilités cela incombait. Le mariage est une chaise qui ne peut tenir sans ses quatre pieds que sont : aimer, supporter, sacrifier, pardonner.

Restée seule, elle repensa à tout ce qui s'était passé. Durant ces deux dernières semaines, elle était passée par la colère, l'amertume, le regret puis la résignation. Elle avait espoir que cette enfant ne serait pas de son mari et qu'Aïcha, alors démasquée, sortirait de leurs vies pour toujours. Mais la réalité était tout autre.

Elle avait pardonné, certes. Mais Dieu seul savait combien elle souffrait. Elle allait devoir accepter l'existence de Fatima. Elle se tourna vers son fils. Dire qu'il avait déjà une petite sœur ! Une foule de questions l'assaillit soudain. Les enfants grandiront bien un jour et c'est toujours eux qui devront payer les erreurs de leurs parents. Seydou n'avait-il donc pas pensé qu'un jour Fatima saurait qu'elle est née hors mariage ? Ne s'était-il pas demandé comment cette enfant innocente pourrait alors se sentir ? Dieu seul savait ce que l'avenir leur réservait. Elle se promit de donner une bonne éducation à son fils et de faire en sorte qu'il aime et accepte sa sœur, tout en espérant qu'Aïcha en fasse autant avec sa fille. En effet, elle ne saurait dire si elle serait prête à accepter que Seydou en ait la garde. Elle craignait qu'elle lui rappelle toujours sa trahison. Ce serait alors encore plus dur de recoller les morceaux.

Elle en était à ces pensées, tournant et se retournant dans son lit, avant de sombrer dans un profond sommeil. Le lendemain, elle se réveilla en sursaut en entendant la sonnerie de la porte d'entrée. La clarté du jour avait déjà envahi sa chambre. Elle jeta un coup d'œil à la pendule et fut surprise par ce qui s'affichait.

« Oh mon Dieu ! 7 h 20 ! »

La sonnerie retentit de nouveau. Elle se leva à la hâte et enfila son peignoir, et saisit le voile qui se trouvait sur la chaise pour se couvrir la tête.

« J'arrive ! »

Elle descendit les marches presque en courant. C'était Astou à la porte qui, visiblement, s'inquiétait pour elle.

« Vous allez bien ? Cela fait cinq minutes que je sonne. J'ai failli rebrousser chemin.

– C'est impossible ! Je n'ai entendu que deux coups de sonnerie.

– Tout va bien, j'espère.

– Oui, ne t'en fais pas. »

Elle réfléchit un moment et monta avec affolement. Elle ne vit ni son mari ni son enfant. Ils ont disparu. La panique la gagna soudain.

« Mon Dieu ! Lamine ! »

Elle regagna hâtivement sa chambre et vit que le berceau était vide. En se retournant, une enveloppe au chevet du lit retint son attention. Elle s'en empara précipitamment, les mains tremblantes. En voyant l'écriture de son mari, elle poussa un long soupir de soulagement.

« Mon trésor,

Voilà que je te regarde dormir. Je contemple cet être angélique qui m'est si cher. Mais je ne trouve pas le courage de briser ce sommeil déjà tourmenté par ma faute. Aussi ai-je décidé de ne pas écourter ton repos.

Je te laisse la voiture puisque tu vas chez tes parents. Je dépose notre fils chez ma mère, en espérant ne pas tomber sur elle. Tu pourras passer le récupérer à ton retour. Je te prie de ne pas rentrer trop tard, s'il te plaît.

N'oublie jamais que je t'aime.

Seydou »

Elle lut et relut ces quelques lignes puis serra la feuille contre elle un instant. Après la prière, elle se prépara à partir. Elle donna des directives à Astou avant de partir. Ce n'est que vers midi qu'elle arriva à Keur Massar. Sa mère fut surprise de la voir en milieu de semaine. En général, ce n'est que les week-ends qu'elle leur rendait visite.

« Eh bien, Saly ! Tu ne travailles pas ?

– Mais non, maman. Je suis au chômage. Je t'en avais parlé, tu t'en souviens ?

– Oui, mais cela fait déjà un mois. Je pensais que tu avais déjà trouvé un autre emploi.

– Ce n'est pas si simple. J'ai deux entretiens pour la semaine prochaine et mon beau-père m'a proposé un bon poste dans son entreprise. Mais je n'ai pas encore accepté.

– Réfléchis-y bien avant de prendre une décision. Tu aurais dû m'amener mon petit-fils. Et ton mari, il va bien ?

– Oui. Papa est là ? Il est toujours en congé n'est-ce pas ?

– Oui. Il est dans le salon.

– Je voudrais vous parler.

– Rien de grave, j'espère.

– Non. Bonjour papa. Comment tu vas ? dit-elle en pénétrant au salon.

– Bien, je profite de mon repos pour prendre des forces. Et j'en ai déjà assez de rester ici.

– Ça, c'est bien toi ! Toujours actif.

– Je suis un sportif. Alors, tu nous fais une visite-surprise ? J'étais fâché, car je ne te vois pas souvent maintenant.

– Il faut bien qu'elle gère son foyer ! » intervint sa mère.

Ils discutèrent un bon moment de choses et d'autres sans qu'elle sache comment elle allait s'y prendre. Elle avait honte de révéler une nouvelle aussi inattendue.

« Bon, Saly. Que voulais-tu nous dire ? Si c'est important, vas-y avant que les enfants ne rentrent », lui dit sa mère.

Elle baissa les yeux, inspira profondément et se lança.

« Voilà ! Seydou a eu une fille avec une femme qu'il a rencontrée en France.

– Comment ? cria sa mère.

– Explique-toi ma fille, dit son père qui s'était redressé.

– Oui, papa. Il a eu une aventure avec cette femme durant son séjour. Malheureusement, un enfant est né de cette relation.

– C'est incroyable ! Et tu nous dis cela sans état d'âme ! dit la mère avec un regard ébahi.

– Maman, je t'en prie !

– Mais, qu'est-ce que tu comptes faire ? Tu ne vas quand même pas rester les bras croisés !

– Maty ! Calme-toi, voyons. Ne donne pas de mauvais conseils à ta fille.

– Mais, comment peux-tu défendre ce traître ?

– Maman, je vais accepter les faits. Je vais lutter pour mon ménage, pour mon fils. Je lui ai pardonné. Il viendra lui-même vous parler. Ce dont j'ai besoin maintenant, c'est de votre soutien », dit-elle les larmes aux yeux.

Sa mère la fixa, stupéfaite. Quant à son père, il afficha un sourire.

« Je suis fier de toi, ma fille. La décision que tu as prise est la meilleure. Que Dieu t'accompagne. Quant à toi Maty, tu ferais mieux d'encourager ta fille.

– Si tel est ton souhait, c'est bien. De toute façon, c'est ta vie, ton ménage. La décision t'appartient, répliqua-t-elle en boudant.

– Merci à tous les deux pour votre compréhension et votre soutien. J'étais sûre de pouvoir compter sur vous. Priez pour moi, pour que Dieu me donne la force d'affronter la situation. »

Ils prièrent pour elle avant qu'elle ne prenne le chemin du retour.

Elle se rendit chez sa belle-mère pour récupérer son fils. Ce dernier était à la cuisine avec la femme de ménage.

« J'espère qu'il ne vous a pas donné trop de travail aujourd'hui.

– Mais non, voyons. C'est bien que votre mari l'ait amené. J'avais la nostalgie de sa présence.

– Passe le bonjour à la famille de ma part. Lamine, dit *bye-bye*.

– *Bye-bye* », répéta-t-il en imitant les signes de main que faisait sa mère.

Elle s'apprêtait à ouvrir la portière arrière de sa voiture en lisant un message de Seydou reçu sur son portable qui disait : « *la date du procès a été avancée à aujourd'hui. J'y assisterai en espérant lui parler* », lorsque celle de son beau-père arriva. Quand ce dernier en descendit, Lamine courut vers lui en criant « papy ». Il le souleva sourire aux lèvres et s'approcha de Saly.

« Alors, tu ne viens plus nous voir ces temps-ci ! Est-ce une façon de traiter ses beaux-parents ? lança-t-il joyeusement.

– J'en suis désolée beau-père. Et je vais me rattraper immédiatement ! répondit-elle sur le même ton.

– Je vois que c'est une aubaine d'avoir oublié ce dossier à la maison. Tu sais que ton bureau est prêt ? Alors, qu'est-ce que tu attends encore ? Je ne veux pas entendre de négation. Qu'est-ce que tu peux être têtue !!! Écoute, tu vas faire un essai. Si au bout d'un certain temps tu juges que tu ne te plais pas dans mon entreprise, je n'en parlerai plus et ce sera sans rancune, dit-il en la tapotant sur l'épaule.

– OK. Je commencerai à la fin du mois », dit Saly avec un sourire avant de prendre congé.

Cet après-midi-là était très stressant pour elle. Seydou allait se rendre au procès d'Aïcha et en profiterait sûrement pour lui parler si possible. La jalousie la faisait douter. Elle ne savait pas sur quoi leur conversation découlerait. Cette fille aurait-elle le bon sens d'abandonner la partie ? Seydou était-il assez fort pour régler cette affaire sans embrouilles ? C'est toute une foule de questions qui l'assaillit. Mais elle s'exhorta au calme et décida d'appeler Khady. Cette dernière était très indignée par le comportement de son cousin.

« Oh, Saly. Pardonne-moi.

– Mais te pardonner quoi ?

– C'est moi qui ai joué les entremetteuses. Je t'ai poussé à l'épouser.

– Ne dis pas de bêtises, voyons ! Je l'ai épousé parce que je suis tombée amoureuse de lui. Tu n'as rien à te reprocher. Tu es et resteras ma meilleure amie.

– Cela me fait plaisir de te l'entendre dire. C'est bien de lui avoir pardonné. Je suis sûre qu'il regrette.

– Je tiens à lui plus que tu ne le crois.

– Je m'en rends compte. Mais j'allais t'appeler pour te dire que je serai à Dakar dans deux semaines.

– Ce n'est pas trop tôt.

– Tu viendras me chercher à l'aéroport ?

– Bien sûr. Donne-moi juste la date et l'heure. »

Lorsqu'elle raccrocha, elle était souriante, « au moins une bonne nouvelle ». Il faut dire qu'elle en avait besoin. Seydou ne rentra que vers 21 h. Lamine l'accueillit en courant se blottir dans ses bras. Quant à Saly, elle ne bougea pas du fauteuil où elle était assise. Elle se disait qu'il n'était quand même pas resté à discuter avec cette femme pendant tout ce temps. La jalousie la tenaillant, elle ne lui accorda même pas un regard.

« Bonsoir ma puce. Désolé d'être rentré si tard, mais mon père m'a convoqué à son bureau.

– Tu aurais quand même pu me prévenir, ne serait-ce que par respect, dit-elle avec une indignation à peine masquée.

– Tu as raison. Excuse-moi. Tu ne peux pas savoir tout ce que j'ai encaissé comme reproches. Il m'a traité d'irresponsable, de gamin et je ne sais quoi encore. Mes parents disent qu'ils ne veulent rien avoir à faire avec ma fille. Mon père est le plus intransigeant.

– Laisse-leur un peu de temps. J'irai leur parler quand ils se seront calmés. »

En voyant la tristesse qui se lisait dans ses yeux, elle eut pitié de lui. Mais elle en avait encore plus pour sa fille. À peine venue au monde, la pauvre enfant est déjà rejetée. Elle s'apprêtait à se lever lorsqu'il la retint.

« Assieds-toi s'il te plaît. »

Elle s'exécuta après un moment d'hésitation.

« Tu ne me demandes pas comment se sont passés le procès et ma rencontre avec Aïcha ?

– Je ne pensais pas avoir à le faire.

– C'est vrai que j'aurais dû commencer par là. Elle a écopé d'un mois de prison avec sursis et d'une amende de 500 000 FCFA. Donc, elle est sortie de prison. Mais le plus important c'est que d'après Chevalier, elle fait l'objet d'une information judiciaire à Paris.

– À quel sujet ?

– Il a parlé de trafic de stupéfiants, je crois. La petite serait même en danger en restant avec sa mère.

– En danger ?!

– Oui, Aïcha serait mêlée à un tas de sales histoires. Mais ce qui m'intéresse, c'est que les services sociaux français risquent de lui retirer l'enfant. J'ai alors joué cette carte au moment de lui parler…

– Et ?

– Les quelques jours d'incarcération lui ont valu une prise de conscience. Elle sait qu'elle n'a aucun avenir à offrir à Fatima. Elle est prête à m'en accorder la garde à condition que je lui promette de bien m'en occuper et de lui permettre de la voir chaque fois qu'elle en exprimera le souhait. Elle n'a pas le choix, c'est moi ou les services sociaux », dit-il en attendant une réaction de Saly qui ne savait que répondre.

Mais que faire ? Elle avait deux solutions : accepter la nouvelle donne et accueillir cette enfant, ou alors quitter Seydou et tenter de refaire sa vie. Mais cette dernière option lui sembla insoutenable. Elle n'avait aucune envie de vivre sans lui, ni de briser ce qu'ils avaient bâti ensemble. Cela reviendrait à vivre éternellement dans le souvenir, car elle était persuadée qu'elle ne pourrait jamais aimer un homme autant qu'elle aimait son mari. Et puis, il y avait Lamine qui avait besoin d'un cadre familial stable avec ses parents.

En revanche, qu'est-ce que cela lui couterait d'accepter cette fillette innocente dans sa vie et son foyer ? Elle conserverait son ménage et serait en paix avec elle-même. Certes, il lui sera difficile d'oublier la trahison de Seydou. Mais avec le temps, elle s'en accommoderait de bon cœur. Elle ne voulait pas être aigrie, donc elle se devait de tirer un trait sur le passé pour essayer d'être heureuse à nouveau. De plus, en acceptant sa fille, elle lui donnerait ainsi une belle preuve d'amour qui jouerait certainement en sa faveur à l'avenir.

« Saly, je n'ai jamais eu autant besoin de toi qu'à cet instant précis. Il n'y a qu'à toi que j'ose demander pareil service, non par manque d'égard, mais parce que tu es avant tout ma meilleure amie. Et parce que je suis persuadé que tu es une excellente mère. Je sais que tu peux le faire, dit Seydou en lui prenant la main avec un regard suppliant.

– OK. Je vais l'accepter comme si elle était ma propre fille et je te promets de faire mon possible pour lui apporter tout l'amour d'une mère dont elle aura besoin », dit-elle en plongeant les yeux dans les siens.

À ces mots, une vive émotion s'empara de Seydou qui la prit dans ses bras en la serrant très fort. Les larmes aux yeux, il avait conscience de la chance qu'il avait d'avoir épousé Saly. Une autre aurait déjà claqué la porte. Mais elle était encore là, faisant des sacrifices pour lui. À cet instant-là, il se promit de n'échanger cette épouse pour rien ni personne au monde.

Deux heures plus tard, elle était couchée sur son torse nu, à bout de souffle, jouant avec les poils bouclés. Elle se sentait à nouveau heureuse d'écouter les battements du cœur de l'homme qu'elle aimait. Il lui caressait les cheveux en déposant par moment un baiser sur son corps.

« Comment tes parents ont-ils réagi ? dit-il au bout d'un moment.

– Il va falloir que tu ailles les voir. Ma mère n'est pas prête à passer l'éponge aussi facilement que je l'ai fait. Quant à papa, il a accusé le coup.

– Je me rends compte de tout le mal que je cause à notre famille. Mon père a raison de me traiter d'irresponsable.

– Plus de regret ! Je veux qu'on aille de l'avant. Nous devons songer à l'avenir.

– Tu as raison. Demain, j'irai déclarer Fatima à la mairie de Dakar avec sa mère. Et alors, elle portera officiellement mon nom. Je me rendrai également à l'Ambassade de France pour assumer la paternité du côté français.

– OK. Ça ira. Bonne nuit, mon prince », dit-elle en éteignant la lampe de chevet.

Le lendemain, il retrouva Aïcha avec qui il fit toutes les formalités d'usage. Par mesure de prudence, il lui fit signer un document par lequel elle lui accordait la garde intégrale de l'enfant. Puis, ils se rendirent à son hôtel afin qu'elle assemble toutes les affaires de la fillette. Il patienta quelques minutes à la réception avant qu'elle ne le rejoigne.

« Tu es tombée enceinte parce que tu l'as voulu ou c'était par accident ? demanda-t-il à brûle-pourpoint.

– J'ai la trentaine et je pensais bêtement avoir trouvé l'homme qu'il fallait. Je savais que tu étais encore très attaché à ta femme et que tu n'aurais pas accepté de me faire un enfant. J'avais espoir que c'était juste une question de temps avant que tu ne te rendes compte que tu m'aimais.

– Tu n'as pas répondu à ma question, coupa Seydou.

– Oui !!! Tu es content ?

– C'est bien ce que je pensais, dit-il en s'adossant sur son siège avant d'ajouter : juste par curiosité, comment tu t'y es prise ?

– La bonne vieille méthode de la perforation.

– Je n'arrive pas à croire que l'on puisse descendre aussi bas, dit-il sur un air désabusé.

– Je pensais qu'elle nous lierait d'une façon ou d'une autre, mais je me suis trompée. Tu as osé me dénoncer à la police et je suis certaine que plus d'emmerdes m'attendent à Paris. Tout peut arriver à mon retour et je ne veux pas qu'elle en pâtisse.

– Tu ne récoltes que ce que tu as semé Aïcha… ou Leticia ! Tu as joué avec la vie et la carrière de personnes honnêtes. Tu vas devoir répondre de tes actes. Ne compte surtout pas sur mon soutien. Tout ce que je peux faire, c'est prendre soin de notre fille, dit-il en la regardant dans les yeux.

– Je n'attends pas autre chose de ta part. Je ne te laisse pas mon enfant de gaité de cœur, mais par nécessité. J'ai peut-être perdu cette bataille, mais pas la guerre.

– Je me fiche royalement de tes états d'âme. J'ai voulu la garde, je l'ai obtenue. Tu es impliquée dans un tas de sales histoires, alors tu devrais plutôt t'en faire pour ta liberté.

– C'est de ta faute si la police est sur mes traces à Paris. Quand je pense que j'étais prête à tout abandonner pour toi ! Et voilà comment tu me traites. Mais si tu crois que je vais me laisser prendre aussi facilement, tu te trompes lourdement. Maintenant, prends-la et va-t'en », dit-elle en lui tendant l'enfant.

En la prenant dans ses bras, il fut très ému. Elle était si jolie et innocente qu'il se surprit à lui sourire en la cajolant. Il en oublia même la présence de la mère.

« Voyez-vous ça ! Le père attendri ! dit-elle avec un cynisme qui le ramena à la réalité.

– Tout est dans le sac ? demanda-t-il froidement.

– Oui, va-t'en maintenant », dit-elle en se retournant pour essuyer les larmes qui lui piquaient les yeux.

Il s'empara du sac et sortit à grandes enjambées. Il était sur le point d'ouvrir la portière arrière lorsqu'il l'entendit crier : « attends ! » Lorsqu'il se retourna, Aïcha lui sauta au cou et l'embrassa devant tout le monde alors qu'il avait du mal à se dégager avec l'enfant dans les bras.

« Qu'est-ce que tu fais ? Tu es vraiment une sacrée garce ! Tu m'as assez gâché la vie comme ça. J'en ai assez de toi ! » cria-t-il hors de lui avant d'installer l'enfant sur le siège, puis il prit le volant.

Sur le chemin, il ne pouvait s'empêcher de la maudire. Il était sur le point de reconstruire sa vie avec sa femme et voilà qu'elle l'embrassait en public. Mais, il était encore plus en colère contre lui-même. Ce baiser lui avait procuré une sensation troublante. Il était encore attiré par cette femme malgré tout ce qui s'était passé. Il se surprit à penser à ce qui se serait produit si Aïcha avait été une femme douce, affectueuse et sensible comme Saly.

Il chassa très vite ces mauvaises pensées de sa tête. En dépit de la trahison de ses sens, il était décidé à ne plus laisser de place dans sa vie pour une femme autre que Saly. Comment cette dernière aurait-elle réagi si elle avait été témoin de cette scène d'adieu déplacée ? Il comptait dorénavant tout faire pour que sa vie de couple soit sans embrouilles.

Arrivé devant sa maison, Saly le rejoignit alors qu'il sortait l'enfant de la voiture.

« Donne-la-moi », dit-elle en lui tendant les bras.

En la prenant pour la première fois, elle fut partagée entre deux sentiments. D'abord, elle ne put s'empêcher de penser qu'elle tenait le fruit de la trahison de Seydou. Mais, aussitôt après, elle balaya cette idée en voyant l'innocence avec laquelle cette jolie petite fille lui souriait. À cet instant-là, elle se promit de l'aimer et de la chérir comme son propre enfant. C'est avec les larmes aux yeux qu'elle lui rendit le sourire, sous le regard interrogateur de son mari.

« Saly… tu es sûre que ça va ?

– Oui. Ne t'inquiète pas. Je prendrai soin de ta fille comme si elle était la mienne. »

Une fois à l'intérieur, elle montra à Seydou les réaménagements qu'elle avait effectués dans la chambre de son fils pour accueillir Fatima. En effet, elle y avait installé le berceau que Lamine allait maintenant céder à sa sœur pour prendre possession de son lit. Les enfants allaient partager la même chambre, le temps d'en équiper une autre. Elle avait également fait des courses pour la petite afin que tout soit fin prêt avant son arrivée. En outre, elle prévoyait d'engager une nounou qui s'occuperait des enfants d'autant plus qu'elle allait commencer à travailler dans les jours suivants.

En voyant les initiatives qu'elle avait prises, il sut qu'il pouvait entièrement lui faire confiance. Cependant, il hésitait à lui raconter le dernier coup d'Aïcha. Pourtant, une petite voix lui disait de ne plus rien cacher à sa femme. Après quelques vaines tentatives, il se lança.

« Aïcha m'a sauté au cou alors que j'avais la petite dans les bras !

– Qu'est-ce que tu entends par te sauter au cou ? dit-elle en se tournant vers lui d'un mouvement brusque.

– Elle m'a… embrassé, avoua-t-il avec un soupir.

– Là, j'en ai ma claque ! Je vais mettre les points sur les "i", dit-elle en saisissant les clés de la voiture, puis elle se dirigea vers la porte.

– Saly, où est-ce que tu vas ? dit-il en la rattrapant sur le pas de la porte.

– J'en ai pour quelques minutes. Occupe-toi des enfants s'il te plaît, dit-elle en continuant son chemin.

– Non ! Tu ne penses quand même pas la retrouver. Il n'en est pas question ! C'est une femme dangereuse, dit-il en l'agrippant.

– Moi aussi je sais être dangereuse quand il le faut. Puisqu'apparemment tu peines à te faire respecter par cette femme, je m'en charge », dit-elle en se dégageant brutalement avant de s'engouffrer dans la voiture.

Il en resta muet de stupeur et regretta aussitôt d'avoir été trop honnête. Il aurait pu se taire et peut être bien qu'elle n'en saurait jamais rien. De plus, il aurait quand même dû l'empêcher de partir par tous les moyens. Après réflexion, il demanda à Astou, qui était sur le départ, de l'attendre avant de partir. Consciente de l'urgence de la situation, cette dernière accepta. Il prit un taxi qui fonça aussitôt vers l'hôtel.

Arrivée sur place, Saly s'adressait à la réceptionniste quand elle vit Leticia descendant les escaliers escortée d'un garçon de chambre qui tenait une valise. Elle était visiblement sur le point de quitter les lieux. En voyant Saly, elle ralentit le pas.

« Tiens, tiens ! Que me vaut l'honneur de la visite de Madame Camara ? lança-t-elle avec son cynisme habituel.

– Il faut que nous ayons une sérieuse discussion ! dit Saly en la regardant droit dans les yeux.

– OK ! J'ai encore quelques petites minutes devant moi. Allons à la cafétéria, dit-elle en la précédant avec une grâce infinie, avant de s'installer autour d'une table pour deux et d'ajouter : laissez-moi deviner… vous ne voulez pas de ma fille dans votre foyer ?

– Je vais tirer les choses au clair. Je veux que vous vous teniez éloignée de ma famille et plus précisément de mon mari. Vous avez beau manigancer contre nous, vous ne pouvez rien, absolument rien contre la stabilité de mon foyer ! dit Saly avec un calme déroutant.

– Ah oui ? Voyons voir… vous aurait-il parlé de ce fougueux baiser d'adieu qu'il n'a pu s'empêcher de me donner tout à l'heure ? » dit-elle en lui tendant deux photos sorties de son sac sur lesquelles apparaissait clairement Seydou tenant l'enfant dans ses bras, les lèvres collées à celles de cette femme.

Loin de la dérouter, ces images confortèrent les paroles de son mari qui lui avait honnêtement raconté les faits. Heureusement qu'il l'avait fait d'ailleurs parce que si elle l'avait appris d'Aïcha, elle n'aurait pu lui pardonner une seconde fois.

« Si vous croyez que ces photos auront un moindre effet sur moi ou sur ma vie de couple, vous allez être déçue. Un conseil, oubliez mon mari parce que de son côté, c'est déjà fait. Il n'y a qu'une femme qui compte pour lui et vous l'avez devant vous, dit-elle en la regardant sans ciller.

– Là, c'est à moi de vous donner un conseil : ne vous mesurez pas à moi, vous n'êtes pas à mon niveau, rétorqua-t-elle avec un air menaçant.

– En effet, vous avez raison. Je ne m'abaisserai pas à votre niveau, vous n'en valez pas la peine, dit-elle avec une pointe d'insolence.

– Je crois que ma femme s'est suffisamment fait comprendre », dit Seydou qui entra en lice et ajouta : « viens mon cœur, on rentre. »

Saly se leva et il mit son bras autour de ses épaules sous le regard fulminant d'Aïcha qui ne put s'empêcher de dire : « le chevalier servant qui vole au secours de la princesse ! Est-ce qu'elle connaît ta facette cachée ? A-t-elle déjà eu à faire à l'animalité qui sommeille en toi ? »

« Tais-toi ! gronda-t-il.

– Laisse chéri, laisse-la ergoter toute seule. Elle est loin de pouvoir m'ébranler », lança-t-elle en tournant les talons, suivie de Seydou qui bouillonnait de l'intérieur en voyant les photos qui jonchaient la table.

Ils roulèrent dans un silence pesant, chacun perdu dans ses pensées. Lui ne pouvait s'empêcher de maudire Aïcha en se remémorant toutes ses tentatives pour déstabiliser son couple. De son côté, elle méditait sur les paroles de sa rivale. Serait-il possible qu'il y ait une face cachée de son mari qu'elle ignorait ? Il était très probable qu'elle avait lancé cette pique juste pour semer le doute dans son esprit. Mais, elle n'était plus sûre de rien au point où elle en était.

Le reste de la soirée se passa sans commentaires sur les propos d'Aïcha. Cependant, ils étaient tous les deux convaincus que pour faire le procès de cette histoire, il fallait qu'ils en abordent tous les points. Saly allait bientôt commencer à travailler. Aussi, engagea-t-elle une jeune femme qui vivrait sous leur toit et qui aurait la charge des enfants.

Le lendemain, elle se rendit chez ses beaux-parents en compagnie des enfants. Sa belle-mère l'accueillit avec surprise en voyant qu'elle tenait la petite fille. Elle eut une sérieuse discussion avec la dame à qui elle demanda d'accepter cette petite fille innocente dans la famille comme elle l'avait fait elle-même. Après un soupçon de réticence, la dame prit Fatima dans les bras avec une vive émotion. L'instant d'après, elle remerciait Saly du rôle d'assembleur qu'elle jouait dans la famille et lui promit de parler à son mari qui serait plus difficile à convaincre.

Chevalier informa Seydou qu'il avait perdu la trace de Leticia. Il l'avait suivie en prenant le même vol, mais ne l'avait jamais vu débarquer à Paris.

« C'est impossible, elle n'a quand même pas vu s'envoler dans la nature ! dit Seydou.

– Je pensais que vous pourriez m'aider à la localiser.

– Je ne sais absolument rien de cette femme et je n'ai aucune idée de l'endroit où elle pourrait se trouver.

– C'est pas vrai ! Je déteste me faire avoir de la sorte. En réalité, ce n'est pas bien grave. Nous avons déjà un dossier solide qui a permis au PDG des Laboratoires Dominos de trouver un accord avec Alcan pour leur éviter le procès et la mauvaise publicité.

– Oui, je suis au courant. J'imagine qu'Alcan a dû "casquer" pour arriver à ce compromis.

– Et Dominos est doublement gagnant. Il garde ses recherches et se retrouve avec un compte en banque bien garni, dit Chevalier.

– Mais je veux que vous retrouviez Aïcha.

– Vous voulez dire Leticia, corrigea-t-il.

– Peu importe le nom. Retrouvez-la et rendez-moi compte de ses agissements. Je ne veux pas de mauvaise surprise. Nous nous mettrons d'accord sur vos honoraires, dit Seydou.

– OK. Ce sera avec plaisir. Je vous rappelle quand j'en aurai parlé avec mon supérieur. Mes hommages à madame », dit-il avant de raccrocher.

Sur le plan professionnel, la réputation de Seydou en prit un bon coup. En effet, ses collègues s'étaient passé le mot, ébruitant ainsi sa mésaventure. Même les infirmières discutaient de l'enfant hors mariage et de la recherche volée. Le pire pour lui, c'est que le médecin-chef de l'hôpital lui tenait rigueur de ces faits sans pour autant avoir écouté sa version. Il perdit ainsi la bonne image qu'il avait toujours reflétée et se voyait même attribuer celle de coureur de jupons. Dans le milieu de la médecine, une telle réputation peut s'avérer préjudiciable pendant un bon bout de temps.

Il était pressenti pour devenir chef du service de cancérologie, mais finalement le poste fut attribué à une dame qui ne s'y attendait guère. Ce fut très dur à admettre pour lui d'autant plus qu'il s'était toujours donné corps et âme à son travail. Malgré la difficulté de cette situation, il tentait de demeurer impassible pour ne pas afficher ses émotions. Il faisait comme si de rien n'était et exerçait son travail convenablement, même si moralement il était au bord du gouffre. Sa principale consolation fut le soutien de sa femme, sans qui il n'aurait jamais pu tenir le coup.

Très reconnaissant envers celle-ci, Seydou avait conscience qu'il avait beaucoup à faire pour que sa vie de couple redevienne ce qu'elle était. Malgré les efforts de Saly, il sentait que quelque chose s'était brisé entre eux. Elle ne souriait presque plus et par moment, elle s'enfermait dans un mutisme déconcertant. Elle avait pardonné certes, mais n'avait pas pour autant réussi à tourner la page. Ce dont il était sûr, c'est qu'il devait recoller les morceaux pour éviter de fragiliser son couple. Pour ce faire, il fallait qu'il surprenne sa femme. Il voulait raviver cette flamme qui faisait le charme de leur couple.

Ce vendredi-là, il convainquit sa mère de veiller sur les enfants durant le week-end en gardant un œil sur la nourrice qui venait de prendre service récemment. Aux environs de 17 h, il appela sa femme et lui demanda de le rejoindre le plus rapidement possible sans donner de détails. Évidemment, elle paniqua et sortit à la hâte en pensant au pire. Il l'attendait devant la clinique, le sourire aux lèvres.

« C'est quoi ça ? demanda-t-elle en sortant du taxi.

– Quoi ?

– Ce sourire ! Tu m'as fait une de ces peurs. Je croyais que c'était grave ou urgent ! dit-elle en posant la main sur sa hanche.

– Grave, non, mais urgent oui. Monte dans la voiture, tu vas bientôt savoir de quoi il retourne.

– Pourquoi autant de mystère ? dit-elle en attachant sa ceinture de sécurité.

– Plus de questions Madame. Vous êtes bien curieuse ! Au fait, la tenue traditionnelle te va à ravir. Tu représentes dignement la beauté de la femme sénégalaise », dit-il sur un ton jovial.

En effet, elle était très élégante dans son ensemble « taille basse »[3] de *bazin* vert. Comme la plupart des femmes sénégalaises, les vendredis sont l'occasion de se vêtir en tenue traditionnelle.

Voyant la bonne humeur qui se dégageait, Saly acquiesça avec un sourire. Il sillonna la route de la corniche et finit par s'arrêter devant le Radisson Blu hôtel de Dakar. C'est un hôtel très luxueux situé en bordure de mer. Elle ne s'y était jamais rendue auparavant, mais connaissait son aura.

« Pourquoi tu t'arrêtes ? demanda-t-elle avec un air désabusé.

– Notre seconde lune de miel après trois ans de bonheur à tes côtés. Je veux que nous passions des moments inoubliables durant les deux prochains jours, dit il en lui prenant la main pour l'effleurer de ses lèvres.

– Les enfants…

– Maman s'en charge avec la nourrice. Je veux un week-end zéro *stress*. Je veux que nous oubliions tous nos problèmes et nos différends. La devise c'est évasion… union… passion », dit-il en marquant chaque mot d'un baiser sur son corps.

Elle n'arrivait pas à y croire. Elle ressentait en cet instant-là un bonheur resté à l'état de souvenir depuis un bon moment. Elle se sentait belle, aimée, désirée. Elle retrouvait les douceurs du plaisir.

Une fois à l'intérieur, elle fut séduite par le décor raffiné et le cadre qui était tel un paradis océanique tant le bleu de la mer imposait sa splendeur. La chambre délicatement meublée avec finesse donnait sur un balcon qui offrait le beau spectacle d'un bleu étendu à l'infini et caressant les nuages du ciel. Elle s'y

[3] Tenue traditionnelle sénégalaise

attarda et ferma les yeux pour humer la brise et savourer cet instant magique. Seydou, qui était derrière elle, l'enlaça en déposant un baiser sur son cou, lui provoquant un long frisson.

« Alors qu'est-ce que tu en dis ? demanda-t-il de sa voix sensuelle.

– J'en dis que je suis heureuse de retrouver l'homme que j'ai épousé, » répondit-elle en se retournant pour lui faire face, avant que leurs lèvres se joignent passionnément.

Elle lui souffla un « je t'aime » étouffé par l'émotion en le serrant très fort dans ses bras. Quelques heures plus tard, ils étaient enlacés, savourant la quiétude du moment. Ce fut elle qui brisa ce silence féérique.

« Quel est ton fantasme ?

– Si tu me poses cette question par rapport à ce qu'a dit celle dont le nom ne devrait pas être prononcé en des moments comme celui-ci, je te demanderai d'oublier toute mauvaise pensée à ce sujet. Je suis entièrement satisfait à tes côtés…

– Sur le plan sexuel… coupa-t-elle.

– Y compris sur le plan sexuel, dit-il en plongeant les yeux dans les siens.

– Je te crois. Il fallait que je sache. Tu sais, je suis loin d'être coincée. Tu pourras toujours me parler de tout ce que tu voudras. Pas de tabous entre nous. Et j'en ferai de même sans la moindre hésitation, dit-elle en promenant ses doigts sur son corps.

– J'en suis persuadé », dit-il en glissant les mains sur ses courbes gracieuses avant d'ajouter : « au fait, je suis content que tu aies accepté de travailler pour mon père. »

Au téléphone quelques minutes plus tard, la mère de Seydou leur assura que tout se passait bien pour les enfants et qu'elle avait attendu qu'ils se soient endormis pour rentrer chez elle, les laissant en compagnie de la nourrice.

Un peu plus tard, elle fit couler un bain qu'ils prirent ensemble en s'amusant à des jeux coquins. Ce n'est que vers

23 h qu'ils se rendirent au restaurant pour savourer un succulent dîner, suivi d'une promenade qui leur fit beaucoup de bien. En homme prévenant, il s'était arrangé pour que Saly trouve sur place tout ce dont elle pourrait avoir besoin durant le week-end. Étant à présent sûr de la réussite de sa surprise, il était content de la revoir sourire comme avant. Il avait enfin retrouvé sa femme.

De retour de la promenade, il déposa sur le lit un bikini très provocant. Lorsqu'elle l'enfila, il la contempla en savourant le spectacle.

« Là, c'est sûr. J'ai bon goût, dit-il en souriant.

– Alors, comment me trouve le séduisant docteur ? dit-elle en défilant.

– Hélas, je ne trouve pas de mots pour qualifier une telle merveille ! Tu sais quoi ? Nous allons de ce pas à la piscine.

– Tu plaisantes ? Quelqu'un pourrait me voir. En plus, il est déjà 2 h du matin.

– Il y a donc peu de chances pour qu'on nous y voie. Le goût du risque, c'est excitant », dit-il en se levant.

Comme contaminée par cet élan d'aventure, elle saisit un peignoir et un châle et ils sortirent. En effet, la piscine était déserte. Ils se mirent en tenue de bain et plongèrent dans l'eau comme des fous. Ils se défoulèrent comme jamais.

Le lendemain, il prépara un emploi du temps qui ne laissait aucune place au vide. Entre séance de massage, soins du visage et *fitness*, ils ressortirent avec un sentiment d'épanouissement corporel intense. Le soir, elle trouva sur le lit une somptueuse robe de soie grise. Au devant, un audacieux décolleté en forme de V qui arrivait jusqu'au nombril, mais retenu au niveau de la poitrine par deux bandes fines serties de cristallins. Seydou n'était pas dans la chambre. Elle comprit alors qu'une belle soirée s'annonçait. Elle se rendit au salon de coiffure de l'hôtel. Elle fut maquillée et coiffée. Elle en revint complètement métamorphosée avec une nouvelle coupe de cheveux dont les extrémités furent légèrement éclaircies.

Ayant pris le soin de l'appeler sur son portable pour lui dire de ne rentrer dans leur chambre que lorsqu'elle aurait donné son feu vert, elle enfila la robe qui mettait généreusement ses formes à nu, ainsi que les escarpins et se para de ses bijoux. Lorsqu'elle se regarda dans la glace, elle avait l'impression d'être une autre femme. Elle était glamour et très séduisante. Satisfaite du résultat, elle mit de la musique douce et donna le signal à Seydou qui arriva quelques instants plus tard, extrêmement séduisant dans son *smoking*, escorté de deux serveuses qui faisaient glisser une table parfaitement dressée avec des chandelles.

Il s'arrêta un instant sur le pas de la porte pour contempler le spectacle qui s'offrait à ses yeux. Pendant ce temps, les serveuses installèrent la table au milieu de la pièce et sortirent discrètement. Il leur donna un pourboire et les remercia en gardant les yeux rivés sur sa femme. Puis, il éteignit la lumière vive pour laisser place à une ambiance feutrée. Une fois seuls, ils avancèrent l'un vers l'autre, délicatement. Il lui tendit la main sur laquelle elle posa la sienne gracieusement, puis elle fit une rotation qui aboutit à un corps à corps. Il posa sur son bassin la main droite qui se laissa glisser sur ses courbes au contact de la soie. Puis, ils se laissèrent transporter par la douce mélodie.

« Madame Camara, vous êtes sublime, dit-il d'une voix suave.

– Heureuse de vous plaire Docteur. Vous êtes particulièrement élégant ce soir, répondit-elle sur le même ton.

– Merci. Jolie coupe de cheveux ! » dit-il en écartant quelques mèches pour poser ses lèvres sur son cou.

Ils dansèrent au son de la musique, jouant un jeu de charme sans précédent, avant de savourer le délicieux dîner dans une ambiance tamisée. Naturellement, la soirée se termina en beauté, leurs corps en sueur lovés témoignant de l'ardeur de leurs ébats.

C'est avec un immense sentiment de bien-être qu'ils quittèrent l'hôtel le dimanche pour retrouver la réalité de la vie. Mais ce week-end-là resterait parmi leurs meilleurs souvenirs communs.

Au moment de partir, Saly s'attarda sur le balcon face à l'océan.

« On y va ? dit-il.

– Juste une minute. Je te rejoins à la voiture », dit-elle.

Il acquiesça et sortit discrètement en faisant glisser la valise. Restée seule, elle médita sur le sens de sa vie. Elle voyait la mer comme une représentation physique du destin englobant d'innombrables mystères. La puissance des vagues était semblable à la force des faits qui interviennent dans la vie, que rien ni personne ne peut arrêter. À cet instant-là, elle décida de suivre son chemin sans se demander ce qui risquait de surgir. Après quelques minutes de réflexion, en respirant la brise, elle quitta la chambre d'un pas décidé et rejoignit son mari qui l'attendait au parking.

Ils étaient heureux de revoir les enfants et surtout d'avoir pansé leurs plaies. Elle commença le lendemain dans l'entreprise de son beau-père. Ce dernier s'avéra très accueillant et la présenta au personnel avec fierté. Elle fut bien installée dans un grand bureau. Elle se promit de faire ses preuves et de travailler dur pour mériter la confiance de son beau-père.

Contrairement à ses attentes, Seydou reçut l'intégralité de sa rémunération, eu égard à son contrat avec les Laboratoires Dominos. Cela lui permit de renforcer son compte en banque. Il décida d'offrir à Saly une splendide voiture blanche.

« Elle est magnifique ! s'écria-t-elle lorsqu'il lui tendit les clés.

– Elle te plaît ?

– Tu plaisantes ? Elle est trop classe ! dit-elle dans un élan d'euphorie, avant d'ajouter : je n'en demandais pas tant, tu sais.

– Je t'offrirais ciel et terre si je pouvais. Toutes les pierres précieuses du monde ne suffiraient pas à te montrer combien tu m'es chère. Je veux d'un nouveau départ avec la femme de ma vie », dit-il en la prenant dans ses bras.

Au même moment, à des milliers de kilomètres, Leticia s'entraînait dans un camp de tir avec comme cible une photo de Saly. Après une série d'exercices, elle enleva le casque qui protégeait ses oreilles du bruit et appuya sur un bouton afin de voir de près la portée des balles. Elle remarqua avec satisfaction qu'elle avait atteint l'emplacement du cœur. Avec un sourire songeur, elle murmura : « on va voir qui est au niveau le plus bas ».

« Tiens donc ! Un revenant », entendit-elle.

Elle se tourna pour faire face à son interlocuteur, un homme grand portant un manteau noir. Il était accompagné d'un garde du corps qui restait un peu à l'écart.

« Comme tu vois, je reviens dans les affaires, répondit-elle.

– Tu te crois où ma chère ? Tu fais capoter un important contrat pour des histoires de cœur, tu disparais quand tu veux et tu crois avoir le droit de revenir quand tu veux ! On ne t'a pas appris qu'il ne faut jamais mélanger le travail et le plaisir ?

– Ce qui est arrivé était juste une parenthèse. Cette fois-ci, c'est pour de bon.

– Bien sûr que c'est pour de bon. Au moindre écart, je tue ton docteur… et je tue ta fille… Oh ! Tu ne croyais quand même pas pouvoir me cacher son existence ? dit-il en ricanant.

– Si tu touches à un seul de ses cheveux, c'est moi qui te tuerai. »

À ces mots, il la frappa violemment au visage, si bien qu'elle atterrit sur le sol. Puis, il la saisit par les cheveux alors qu'elle se tordait de douleur.

« N'oublie pas à qui tu t'adresses. Je me retiens de me débarrasser de toi parce que tu as une jolie tronche qui m'est très utile et parce que tu es douée. Mais, tu n'es pas indispensable. Est-ce que je me suis bien fait comprendre ?

– Oui… dit-elle avant qu'il ne la lâche enfin.

– Je vais m'arranger pour que la police te croie morte. Cela aura l'air d'un malheureux accident, dit-il en se relevant.

– Est-ce vraiment nécessaire ?

– Si tu ne veux pas aller en taule, oui. Tu vas devoir couper tes cheveux. Tu seras *relookée* dès demain. Désormais, tu t'appelles Florence Châtain. Tu trouveras les détails de ta nouvelle identité ainsi que ceux de ton nouveau contrat dans ta voiture. Cette fois-ci, l'échec n'est pas permis », dit-il avant de quitter les lieux à grandes enjambées, suivi de son garde du corps.

Elle médita sur son sort un moment. Puis, avec une énergie pensive et déterminée, elle arracha la photo de Saly criblée de balles. Elle sortit de sa poche un briquet et enflamma la photo. Ensuite, elle recula de quelques pas. Le regard rendu brillant par le crépitement du feu, elle dit : « Je reviendrai. La guerre est loin d'être finie. Profitez des quelques années de quiétude qu'il vous reste, car Florence Châtain sera sans pitié. »

Un jour nouveau s'annonçait dans le foyer Camara, plein de mystères. Saly était consciente que Dieu seul savait ce que l'avenir leur réservait. Lui seul savait si leur souhait de bonheur réciproque et éternel se réaliserait. Qui aurait pu dire qu'elle élèverait avec beaucoup d'amour la fille que son mari avait eue avec une autre femme ? Ses tentatives pour réfuter la paternité de cette enfant n'avaient fait que conforter sa position dans la vie de Seydou, et par la même occasion dans la sienne. De surcroît, elle ne savait par quelle force divine, elle avait été séduite par cette petite fille dès l'instant où elle l'avait prise dans ses bras. Mais alors, pouvait-elle s'autoriser à faire abstraction de ce destin ?

Pour l'heure, elle avait retrouvé la joie de vivre. Et elle était heureuse de sentir la chaleur familiale qui s'était instaurée dans sa maison. Ce faisant, elle refusait de vivre dans la psychose de « que nous prépare encore Leticia ? » ou « que va-t-il se passer ensuite ? »Aussi se décida-t-elle à vivre l'instant présent. Oui, elle allait travailler, s'occuper de son mari et de ses enfants. Elle allait suivre sa voie du destin.

L'HARMATTAN, ITALIA
Via Degli Artisti 15 ; 10124 Torino

L'HARMATTAN HONGRIE
Könyvesbolt ; Kossuth L. u. 14-16
1053 Budapest

L'HARMATTAN BURKINA FASO
Rue 15.167 Route du Pô Patte d'oie
12 BP 226 Ouagadougou 12
(00226) 76 59 79 86

ESPACE L'HARMATTAN KINSHASA
Faculté des Sciences Sociales, Politiques et Administratives
BP243, KIN XI ; Université de Kinshasa

L'HARMATTAN GUINÉE
Almamya Rue KA 028 en face du restaurant le cèdre
OKB agency BP 3470 Conakry
(00224) 60 20 85 08
harmattanguinee@yahoo.fr

L'HARMATTAN CÔTE D'IVOIRE
M. Etien N'dah Ahmon
Résidence Karl / cité des arts, Abidjan Cocody 03
BP 1588 Abidjan 03. (00225) 05 77 87 31

L'HARMATTAN MAURITANIE
Espace El Kettab du livre francophone
N° 472 avenue Palais des Congrès, BP 316 Nouakchott
(00222) 63 25 980

L'HARMATTAN CAMEROUN
Immeuble Olympia face à la Camair
BP 11486 Yaoundé
(237) 458.67.00/976.61.66
harmattancam@yahoo.fr

L'HARMATTAN SÉNÉGAL
« Villa Rose », rue de Diourbel X G, Point E
BP 45034 Dakar FANN
(00221) 33 825 98 58 / 77 242 25 08
senharmattan@gmail.com

L'HARMATTAN MALI
Rue de Leipzig, face au Palais de la culture,
Porte 203, Badalabougou, Bamako
00 223 20 22 57 24 / 00 223 76 37 80 82
pp.harmattan@gmail.com

617498 - Août 2015
Achevé d'imprimer par

1livre.com
du rêve à la réalité !